折りたたむだけですぐおいしい！

らくちん
四角キンパ

四角 真理子

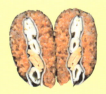  

はじめに

\ 一目惚れでした /

　コロナ禍前は毎月訪れていた韓国に行けなくなり、韓国のYouTubeチャンネルを見ていた時に사각김밥（サガッキンパ）に出会いました。사각김밥は日本語で言うと「四角キンパ」私と同じ名前です。「私がやらずに誰がやるの？」という謎の使命感を抱きスタート。折りたたみ、最後にパカっと開くときのワクワク感は今でも変わりません。

　四角キンパの魅力は、「無限」。
　どんな具材でも無限の組み合わせができるレシピ。
　どこでも手軽に食べられ、お子さまから年配の方まで、世界中の人が美味しく楽しめます。レシピも、場所も、年齢も、すべてが自由で無限というのが最大の魅力です。

　「美味しい」は心も体も温かくしてくれます。
　「美味しい」は食べた人も、作った人も笑顔にさせます。そんな温かい笑顔の時間が、この四角キンパを通じて増えたら嬉しいです。

　そして四角キンパをきっかけに韓国と日本がもっと近い存在になり、さらに世界に四角キンパの無限の可能性を届けられたら幸せです。

四角 真理子

もくじ

Chapter 1

韓国系四角キンパ

はじめに…3
レシピの決まりごと…11
作り方の基本…12

- 卵焼きキムチライス…14
- 豆腐スパムジョン…15
- ミョルチポックム…15
- サンジョッコッチ…16
- プルコギ…17
- タッカルビ…17
- bibigo王マンドゥ…18
- 잡조림…18
- 韓国風四角キンパ…19
- チュモクパプ風…20
- 海鮮チゲクッパチャーハン…21
- スノーチキン×キムチ…21
- ナムルたっぷり…22
- スパムうずら卵×キムチごはん…22
- ヤンニョムソカルビ…23
- イカゲーム…23
- 和風サムギョプサル…24
- ささみ玉ねぎソース漬け…24

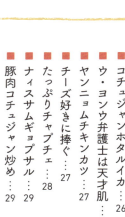

- ヤンニョム甘酒味噌マヨチキン…25
- 豚キムチ…25
- コチュジャンホタルイカ…26
- ウ・ヨンウ弁護士は天才肌…26
- ヤンニョムチキンカツ…27
- チーズ好きに捧ぐ…27
- たっぷりチャプチェ…28
- ナィスサムギョプサル…29
- 豚肉コチュジャン炒め…29
- ビビンパ…30
- ハラペーニョプルコギ…30
- 間違いなく美味しい…31
- 韓国쌈…31
- オサムギョプサル…32
- カルビサンチュ…32
- サムギョプサル×クリームチーズ×バジルソース…33
- さきいかコチュジャン炒め…33

Chapter 2 お肉系四角キンパ

- レッドチリペッパーチキン…42
- ささみバジル巻き…43
- 焼豚がっつり…43
- 主役はジェノベーゼソース…44
- 青じそつくね…45
- ぐるぐる肉巻き…46
- 棒餃子×にんじん…46
- デカ唐揚げ…47
- 生姜焼き×豆苗炒め…47
- パクチー×豚肉薄切り炒め…48
- 煮豚と卵…48
- チーズ巻きベーコン…49

- 素敵ステーキ…34
- スパムパプリカ…35
- 茶色美味！…35
- 甘酒味噌マヨチキン…35
- 激辛麻婆豆腐…36
- 崎陽軒のシウマイ…36
- 豪華ファミレス風…37
- しそぎゅー…38
- 渦巻き豚ロース…39
- さっぱり鶏バーグ…39
- 一瓶で味キマる…40
- 塩麹チキン…40
- 角煮…41

Chapter 3 魚介系四角キンパ

- ぶりの照り焼き…51
- 白身魚フライ×梅×大葉…50
- たらこんぶ…50

- しらすてんこ盛り…52
- カニカマたまご…52
- エビたま…51

Chapter 4
栄養たっぷり四角キンパ

- あさりガーリック…53
- サバ缶カレー…53
- 富山の名産…54
- サバ味噌バターコーン…55
- 貝のつぼ焼…55
- 子持ちししゃも…57
- エビマヨ…56
- マグロの甘露煮…57
- 海のミルク…58
- さんまの蒲焼き×菜の花…59

- パワー！…66
- 元気になれる四角キンパ…66
- 豚パプリカ巻き…67
- ナスとパプリカの豚肉炒め…68
- ハートの日…68
- チーズ入りバーガー…69
- 美味しさの押し売り…70
- 我が家の定番…70

- シーフードドリア風…59
- いわしの甘露煮…60
- 抜群に美味しくなる…61
- ガーリックシュリンプ…62
- 白身魚フライ×大葉…63
- ほっけの塩焼き…63
- サバの西京焼き…64
- さんまのゆず胡椒煮…65
- スパイシーポキ…65

- 沖縄ご当地ゴーヤチャンプルー…71
- 台湾の定番ルーローハン…71
- TV番組で紹介…72
- ズッキーニ肉サンド…72
- 山東菜とひき肉…73
- ピーマン肉そぼろ…74
- 春の四角キンパ…74
- 4種重ね…75

Chapter 5 残ったおかずで四角キンパ

- 片手でガパオライス……75
- ミートソース×茹で卵……76
- コーン×鮭ごはん×クリームチーズ……77
- 4色……77
- 日本の家庭の味……78
- お弁当の中身だけで……79
- カニカマ天……79
- オムレツ×ブロッコリー×ハム×にんじん……80
- カレーポテトサラダ……80
- たまエビサラダ……81
- 塩麹八宝菜……82

- 磯辺揚げ……83
- 卵とナムル……83
- ほくほくジャーマンポテト……84
- チンジャオロース……84
- きくらげ卵炒め……85
- おからの炒め煮……86
- 惣菜万歳……87

Chapter 6 ボリューム満点四角キンパ

- カレーコロッケ×キャベツ……88
- 丸ごと燻製卵入り……88
- 芋天……89
- 定番の安心おかず……89
- クリーミーどどん！……90
- しっとりチャーシュー……90
- かき揚げ……91
- クリームチーズ最強説……91

Chapter 7 スピード四角キンパ

- 夫には多分ばれない…92
- にんじん×チーズ×ハム×ツナ…92
- ボーダー四角キンパ…93
- 海苔バター…93
- 夏バテにはニラ玉…94
- 食感いいねたくあん×チーズ…94
- 定番弁当…95
- 卵ツナ…95
- オムレツ×明太子…96
- ちくわチーズ…96

- こまツナ…97
- 美　四角キンパ…97
- パワーがほしいときに…98
- 目玉焼きベーコン…98
- お弁当の定番詰めました…99
- 懐かしの味しそ巻き…99
- くるくるハムチーズ…100
- ラーメントッピング…100
- 青じそペーストソーセージ…101
- 納豆キムチーズ…101

Chapter 8 季節の四角キンパ

- 花びら茸卵炒め…102
- 春いっぱい…102
- 筍×鶏そぼろ…102
- キラキラ星…103
- 土用の丑の日…103

- 和でもハロウィン…104
- 縁起良し！新年も華やかに…104
- おせちの定番…104
- 恵方四角キンパ…105
- バレンタイン四角キンパ…105

Chapter 9 味ごはん四角キンパ

- 全部パエリア…106
- 残ったカレーアレンジ…106
- ピラフ×チーズ×たくあん…107

- ルーローハンチャーハン…107
- おこわ祭り…107

Chapter 10 ヘルシー四角キンパ

- どでかいきくらげをいただく…108
- 副菜が主役…108
- バランス◎…109
- コンビニでサバ竜田あんかけ…110
- ひじき×油揚げ×レタス…110
- いんげんツナサラダ…111
- 粘りがち…111
- えのきが主役…112

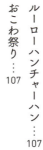

- サラダチキンバーエッグ…112
- にんじんの四角キンパ…113
- 冷蔵庫にあるもので…113
- にんじんしりしり×たくあん…114
- 夏の味…114
- ツナトッピング…115
- ナス包みました！…115

9

Chapter 11 変わり種四角キンパ

- 肉巻き四角キンパ … 116
- 片手サラダ塩レモンチキン … 116
- クレープ片手サラダ … 117
- ついにパスタもはさみました … 117
- 卵巻き … 117

Chapter 12 デザート四角キンパ

- 折りたたんで作るミルクレープ … 118
- クリスマスクレープ … 118
- 王道チョコバナナ … 118
- 片手で食べるショートケーキ … 119
- 黄金クレープ … 119

材料別さくいん … 120

おわりに … 127

レシピの決まりごと

- 材料に「ごはん」と記載があるものは、12ページを参考に塩とごま油を入れてください。

- 具材によって味つけの濃いもの、薄いものは、ごはんに入れる塩の量をお好みで調節してください。

- 海苔は全形を使用してください。

- ごはんの量は茶碗1杯分（約150ｇ）を基準としていますが、レシピによって例外もございます。

- 電子レンジでの加熱は機種によって加熱具合に差があるため、食材の様子を見ながらお持ちのレンジに合わせて調節してください。

- ツナ缶は水煮タイプ、油漬けタイプどちらも使用可能です。

- たくあんやキムチなど、商品によっては塩分量が異なる場合がございますので、調味料等で調節してください。

- 食材を洗う、皮をむくなど、基本的な工程は省略している場合がございます。

- 具材の分量はあくまで目安です。お好みやご家庭にある材料に合わせて、自由にご調整ください。

作り方の基本

1 ごはんに塩をひとつまみ、ごま油をひと回し入れて混ぜ合わせる。

2 海苔（全形）に切れ目を入れる。

3 ラップの上に海苔を敷き、左上に好きな具材をのせる。

4 右2面に**1**のごはんをのせる

卵焼きキムチライス

材料

海苔…1枚
ごはん…茶碗0.8杯分
キムチ…適量
ダシダ(牛肉)…適量
ごま油…適量
卵…3個
塩…少々
スパム…スライス2枚
レタス…3枚

韓国系

黄身と白身を
わけて作った
卵焼き

ピリ辛の
キムチごはん

インパクト大

作り方

1. キムチとダシダとごはんを、ごま油をひいたフライパンで炒める
2. 卵を黄身と白身にわけ、それぞれ塩少々を混ぜる。先に黄身だけの卵焼きを作り、それを白身で巻いて中が黄身、外が白身の卵焼きにする
3. スパムは軽く焼き目をつける
4. 海苔に切れ目を入れ、ラップの上に敷く
5. 左下にレタス、左上に**2**と**3**を並べ、右側2面に**1**を配置して折りたたみ、ラップで包んでカットする

豆腐スパムジョン

韓国系

材料

海苔 … 1枚	片栗粉 … 大さじ2
ごはん … 茶碗1杯分	塩コショウ … 適量
木綿豆腐 … 半丁	油 … 適量
スパム … 1/2缶	ロメインレタス … 1枚
玉ねぎ … 1/2	韓国万能だれ(久世福商店)
にんじん … 1/3本	… 適量
卵 … 1個	スライスチーズ … 1枚

作り方

1. 豆腐を水切りして、スパムは熱湯をかけて余分な油を抜く
2. スパムを手で潰し、豆腐と混ぜ合わせる。みじん切りにした玉ねぎとにんじんを入れ、さらに混ぜる
3. 片栗粉と卵を入れてよく混ぜ、塩コショウをしたら形成して、薄く油をひいたフライパンで焼く
4. 海苔に切れ目を入れ、ラップの上に敷く
5. 左上にロメインレタスと3と「久世福商店 韓国万能だれ」、左下にスライスチーズ、右2面にごはんを配置して折りたたみ、ラップで包んでカットする

ミョルチポックム

材料

海苔 … 1枚
卵 … 1/2個
ミョルチポックム … 1/2缶
コンドゥレパプ … 茶碗1杯分

作り方

1. 卵を割りほぐしてフライパンに薄く油をひいて流し入れ、過熱して錦糸卵を作る
2. 海苔に切れ目を入れ、ラップの上に敷く
3. 左2面に1、左上にミョルチポックム、右2面にコンドゥレパプを配置して折りたたみ、ラップで包んでカットする

サンジョッコッチ

韓国系

材料

海苔 … 1枚
ごはん … 茶碗1杯分
サニーレタス … 1枚
サンジョッコッチ
　ベーコン … 1~2枚
　にんじん … 1/8個
　カニカマ … 6本
　ニラ … 10~20g
　卵 … 2個
　チヂミ粉 … 小さじ1
　コチュジャン
　　 … 小さじ1/2

辛いもの
苦手な人は
ケチャップでも
OK

カラフルで
ビジュアル最高

韓国の
秋夕（お盆）に
食べられています

作り方

1 ベーコン、にんじん、カニカマ、ニラは卵焼き用フライパンの長さに合わせて細長くカットする

2 卵を割りほぐしてチヂミ粉と混ぜ、フライパンに流し入れる（少し卵液を残しておく）

3 ニラ・ベーコン・カニカマ・にんじんの順で繰り返し具材を並べ、残しておいた卵液を上からかけ、ひっくり返して焼く

4 海苔に切れ目を入れ、ラップの上に敷く

5 左2面に半分にしたサニーレタスを1枚ずつのせ、左上に**3**、コチュジャンを塗り、右2面にごはんを配置して折りたたみ、ラップで包んでカットする

プルコギ

韓国系

材料
海苔…1枚
ごはん…茶碗1杯分
赤パプリカ…1/6個
黄パプリカ…1/6個
サニーレタス…2枚
プルコギ…100g

作り方

1 赤パプリカと黄パプリカは細切りにする
2 海苔に切れ目を入れ、ラップの上に敷く
3 左2面にサニーレタス、左上に黄パプリカ、プルコギ、赤パプリカ、右2面にごはんを配置して折りたたみ、ラップで包んでカットする

タッカルビ

材料
海苔…1枚
ごはん…茶碗1杯分
鶏もも肉…100g
にんじん…1/5本
キャベツ…1枚
タッカルビの素(丸美屋)…適量
とろけるチーズ…適量
ベビーリーフ…適量
スライスチーズ…1枚

作り方

1 鶏もも肉はひと口大にカットし、過熱して火を通す
2 短冊切りにしたにんじんとひと口大にカットしたキャベツを追加して炒める
3 タッカルビの素(丸美屋)をかけてよく混ぜ、とろけるチーズを入れる
4 海苔に切れ目を入れ、ラップの上に敷く
5 左上にベビーリーフと3、左下にスライスチーズ、右2面にごはんを配置して折りたたみ、ラップで包んでカットする

17

bibigo王マンドゥ

韓国系

材料

海苔…1枚
ごはん…茶碗1杯分
bibigo 王マンドゥ…3個
フリルレタス…2枚
炒めキムチ…適量

作り方

1. bibigo王マンドゥをフライパンで加熱して焼き目をつける
2. 海苔に切れ目を入れ、ラップの上に敷く
3. 左2面にフリルレタス、左上に炒めキムチと1、右2面にごはんを配置して折りたたみ、ラップで包んでカットする

장조림

材料

海苔…1枚
ごはん…茶碗1杯分
卵…1個
ほうれん草…20g
紫にんじん…1/4個
장조림(チャンジョリム)…1缶
レタス…2枚

作り方

1. 卵を割りほぐし、カットしたほうれん草と混ぜる。過熱して卵焼きを作る
2. 紫にんじんは千切りにし、장조림(チャンジョリム)は汁気を切る
3. 海苔に切れ目を入れ、ラップの上に敷く
4. 左下にレタスを1枚ひき、左上に残りのレタス、1、장조림(チャンジョリム)、紫にんじんの順に重ね、右2面にごはんを配置して折りたたみ、ラップで包んでカットする

韓国風 四角キンパ

韓国系

材料

海苔 … 1枚
ごはん … 茶碗1杯分
味つき牛カルビ
　… 100g
にんじん … 1/4本
小松菜 … 10g
卵 … 1/2個

ナムルの味つけ
塩 … ふたつまみ
鶏がらスープの
素 … 小さじ1
ごま油 … 適量

栄養バランス◎

色合いが もう韓国！

たっぷり牛カルビで 大満足

作り方

1. 卵を割りほぐしてフライパンに薄く油をひいて流し入れ、過熱して錦糸卵を作る
2. 牛カルビを過熱し火を通す
3. にんじんは千切り、小松菜はひと口大にカットして、それぞれ鶏がらスープ、塩、ごま油で和えてナムルにする
4. 海苔に切れ目を入れ、ラップの上に敷く
5. 左下に小松菜、左上ににんじん、牛カルビ、1、右2面にごはんを配置して折りたたみ、ラップで包んでカットする

チュモクパプ風

材料

海苔 … 1枚
サニーレタス … 適量
ビビンバ風山菜
（高橋産業株式会社）… 適量

チュモクパプ
　ごはん … 茶碗1杯分
　塩 … ひとつまみ
　ごま油 … 適量
　韓国海苔 … 適量
　たくあん … 2〜3枚
　コチュジャン
　　… 小さじ1（お好みで）
　白ごま … 適量

たくあんの食感

たっぷり入った
ビビンパ風山菜で
さらに美味しさアップ

コチュジャン抜きが
基本形

韓国系

作り方

1. ごはんに塩、ごま油、細かくちぎった韓国海苔、刻んだたくあんを入れて混ぜ合わせる
2. コチュジャンを入れ、全体になじむように混ぜたら白ごまを入れる
3. 海苔に切れ目を入れ、ラップの上に敷く
4. 左2面にサニーレタス、左上にビビンバ風山菜、右2面に**2**を配置して折りたたみ、ラップで包んでカットする

海鮮チゲ クッパチャーハン

韓国系

材料

海苔 … 1枚
ごはん … 茶碗2杯分で調理して1杯分を使用
海鮮チゲクッパの素（S&B）… 1袋
卵 … 1個
大根菜 … 20~25g

作り方

1. 薄く油をひいたフライパンにごはんを入れて炒め、海鮮チゲクッパの素を入れてよく混ぜる
2. 混ぜ終えたら溶き卵を入れ、パラっとするまで炒める
3. 大根菜は茹でてみじん切りにする
4. 海苔に切れ目を入れ、ラップの上に敷く
5. 左上に3、ほか3面に2を配置して折りたたみ、ラップで包んでカットする

スノーチキン × キムチ

材料

海苔 … 1枚
ごはん … 茶碗1杯分
今日の料理に 炒めキムチ（AMASHO）… 1/2缶
ベビーリーフ … 適量
スノーチキン … 3個

作り方

1. 海苔に切れ目を入れ、ラップの上に敷く
2. 左2面にベビーリーフ、左上に炒めキムチとスノーチキン、右2面にごはんを配置して折りたたみ、ラップで包んでカットする

ナムルたっぷり

材料

海苔 … 1枚
ごはん … 茶碗1杯分
にんじんナムル … 20g
小松菜ナムル … 10g
エリンギナムル … 10g
キムチ … 適量
たくあん … 2枚

ナムルの味つけ
　塩 … ふたつまみ
　鶏がらスープの素 … 小さじ1
　ごま油 … 適量

作り方

1. にんじんは千切りにしてレンジで加熱し、塩、鶏がらスープの素、ごま油で和える
2. 小松菜、エリンギはひと口大にカットし、火を通して1と同じく調味料で和える
3. 海苔に切れ目を入れ、ラップの上に敷く
4. 左上ににんじんナムル、小松菜ナムル、たくあん、キムチ、エリンギナムルを横に並べ、右2面にごはんを配置して折りたたみ、ラップで包んでカットする

スパムうずら卵×キムチごはん

材料

海苔 … 1枚
ごはん … 茶碗1杯分
スパム（スライス）… 1枚
うずらの卵 … 2個
キムチ … 適量
ダシダ（牛肉）… 適量
ベビーリーフ … 適量
スライスチーズ … 1枚

作り方

1. スパムの内側を四角形にくり抜き、外側の部分をフライパンで焼く
2. 四角形の穴部分にうずらの卵を入れ、火を通す
3. ごはんはキムチとダシダをいれて炒め、キムチごはんを作る
4. 海苔に切れ目を入れ、ラップの上に敷く
5. 左下にベビーリーフ、左上に2、その上にスライスチーズをのせ、右側2面に3を配置して折りたたみ、ラップで包んでカットする

韓国系

ヤンニョム ソカルビ

韓国系

材料
海苔 … 1枚
ごはん … 茶碗1杯分
玉ねぎ … 1/2個
牛肉 … 100g
ソカルビヤンニョムソース … 適量
グリーンリーフ … 4枚

作り方
1. 玉ねぎは細切り、牛肉はひと口大にカットし、ソカルビヤンニョムソースで炒める
2. 海苔に切れ目を入れ、ラップの上に敷く
3. 左2面にグリーンリーフ、左上に1、右2面にごはんを配置して折りたたみ、ラップで包んでカットする

イカゲーム

材料
海苔 … 1枚
ごはん … 茶碗1杯分
卵 … 1個
砂糖 … 適量
ウインナー … 3本
鮭フレーク … 適量

作り方
1. 卵を割りほぐして砂糖と混ぜ、過熱して炒り卵を作る
2. ウインナーは3本とも両端を切り落とし、1本は断面が三角、もう1本は断面が四角になるように側面をカットする
3. 2をフライパンで炒める
4. ごはんに鮭フレークを混ぜる。海苔に切れ目を入れ、ラップの上に敷く
5. 左上に1を半量敷いて3を横向きに3本並べ、1の残り半量をのせる。右2面にごはんを配置して折りたたみ、ラップで包んでカットする

和風サムギョプサル

韓国系

材料

海苔 … 1枚
ごはん … 茶碗1杯分
サムギョプサル用の豚肉 … 100g
塩麹 … 適量
ロメインレタス … 2枚
キムチ … 適量

作り方

1. サムギョプサル用の豚肉を塩麹に20分漬ける
2. 1を薄く油をひいたフライパンで焼く
3. 海苔に切れ目を入れ、ラップの上に敷く
4. 左2面にロメインレタス、左上に2、右2面にごはん、キムチを配置して折りたたみ、ラップで包んでカットする

ささみ玉ねぎソース漬け

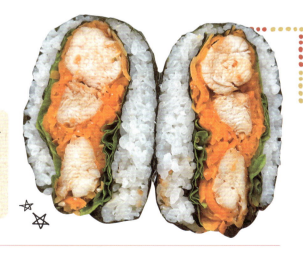

材料

海苔 … 1枚
ごはん … 茶碗1杯分
ささみ … 150g
ヤンパジョリム（玉ねぎソース） … 適量
サニーレタス … 3枚
にんじんナムル … 20g

作り方

1. ささみを薄く油をひいたフライパンで加熱して火を通し、ヤンパジョリムに15分ほど漬ける
2. 海苔に切れ目を入れ、ラップの上に敷く
3. 左2面にサニーレタス、左上に半量のにんじんナムル、その上に1、残りのにんじんナムルを重ね、右2面にごはんを配置して折りたたみ、ラップで包んでカットする

韓国系

ヤンニョム甘酒味噌マヨチキン

材料

海苔 … 1枚
ごはん … 茶碗1杯分
甘酒 … 小さじ1.5
味噌 … 小さじ1
マヨネーズ … 大さじ1
ヤンニョムソース
　… 大さじ1
鶏もも肉 … 100g
小麦粉 … 適量
サニーレタス … 2枚
にんじんナムル … 20g

作り方

1. 甘酒、味噌、マヨネーズ、ヤンニョムソースを混ぜる
2. 鶏もも肉に小麦粉をまぶして、薄く油をひいたフライパンで火が通るまで焼く。**1**に鶏もも肉を入れてよく混ぜる。
3. 海苔に切れ目を入れ、ラップの上に敷く
4. 左2面にサニーレタスとにんじんナムル、左上に**2**、右2面にごはんを配置して折りたたみ、ラップで包んでカットする

豚キムチ

材料

海苔 … 1枚
ごはん（画像は酵素玄米）… 茶碗1杯分
サムギョプサル用の豚肉 … 100g
料理酒 … 大さじ1
醤油 … 大さじ1
砂糖 … 少々
キムチ … 適量
えごまの葉 … 2枚

作り方

1. サムギョプサル用の豚肉を料理酒、醤油、砂糖、キムチと一緒に炒め、火を通す
2. 海苔に切れ目を入れ、ラップの上に敷く
3. 左2面にえごまの葉、左上に**1**、右2面にごはんを配置して折りたたみ、ラップで包んでカットする

コチュジャンホタルイカ

韓国系

材料
海苔 … 1枚
ごはん … 茶碗1杯分
ホタルイカ … 40g
コチュジャン … 適量
お酢 … 適量
大根のつま … 適量

作り方
1. ホタルイカは下処理を済ませ、コチュジャンとお酢に漬ける
2. 海苔に切れ目を入れ、ラップの上に敷く
3. 左上に **1**、大根のつま、右2面にごはんを配置して折りたたみ、ラップで包んでカットする

ウ・ヨンウ弁護士は天才肌

材料
海苔 … 1枚
ごはん … 茶碗1杯分
豚バラ肉 … 80g
キムチ … 適量
料理酒 … 小さじ1
醤油 … 少々
砂糖 … 少々
卵 … 1個

作り方
1. 豚バラ肉とキムチ、料理酒、醤油、砂糖を入れ豚キムチを作る
2. 目玉焼きを作る
3. 海苔に切れ目を入れ、ラップの上に敷く
4. 左下にごはん、左上に **2**、右上に **1**、右下にごはんを配置して折りたたみ、ラップで包んでカットする

26

ヤンニョム
チキンカツ

材料

海苔 … 1枚
発酵玄米 … 茶碗1杯分
チキンカツ … 3切
ヤンニョムチキンソース … 適量
料理酒 … 適量
レタス … 2枚

韓国系

作り方

1. チキンカツをヤンニョムチキンソースと料理酒で炒める
2. 海苔に切れ目を入れ、ラップの上に敷く
3. 左2面にレタス、左上に1、右2面にごはんを配置して折りたたみ、ラップで包んでカットする

チーズ好きに
捧ぐ

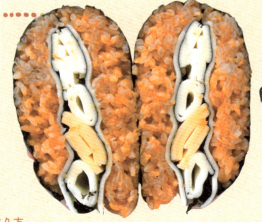

材料

海苔 … 1枚
ごはん … 1杯分
コチュジャン … 適量
ダシダ（牛肉）… 適量
スライスチーズ … 6枚

作り方

1. ごはん、コチュジャン、ダシダをよく混ぜながらフライパンで炒める
2. 海苔に切れ目を入れ、ラップの上に敷く
3. 左上に巻いたスライスチーズを横一列に並べ、右2面にごはん、スライスチーズを配置して折りたたみ、ラップで包んでカットする

★レンジで加熱してチーズを溶かしても美味しい

たっぷりチャプチェ

材料

海苔 … 1枚
ごはん … 茶碗1杯分
卵 … 1/2個
塩 … 少々
チャプチェ
　… 80g

たっぷり詰まった
チャプチェ

韓国系

辛くないので
お子さまでも
OK！

食欲そそる
ごま油の香り

作り方

1. 卵を割りほぐして塩を混ぜ、過熱して錦糸卵を作る
2. 海苔に切れ目を入れ、ラップの上に敷く
3. 左上にチャプチェ、1、右2面にごはんを配置して折りたたみ、ラップで包んでカットする

ナィス サムギョプサル

韓国系

材料
- 海苔 … 1枚
- ごはん … 茶碗1杯分
- ナス … 1/4本
- ピーマン … 1/4個
- 味噌 … 適量
- 砂糖 … 適量
- 和風だし顆粒 … 少々
- サムギョプサル … 80g
- 粗塩 … 適量
- 千切りキャベツ … 15g

作り方
1. ナスとピーマンは細切りにし、味噌、砂糖、和風だし顆粒で炒める
2. サムギョプサルに粗塩をふる
3. 海苔に切れ目を入れ、ラップの上に敷く
4. 左上に千切りキャベツ、2、右2面にごはん、1を配置して折りたたみ、ラップで包んでカットする

豚肉 コチュジャン 炒め

材料
- 海苔 … 1枚
- ごはん … 茶碗1杯分
- 卵 … 1個
- レタス … 2枚

豚肉のコチュジャン炒め
キンパには出来上がりのうち65gを使用
- 豚バラ肉 … 200g
- 料理酒 … 大さじ2
- ダシダ（牛肉） … 大さじ1
- 砂糖 … 大さじ2
- 醤油 … 大さじ1/2
- ごま油 … 大さじ1/2
- コチュジャン … 大さじ1と1/2

作り方
1. コチュジャン炒めの調味料を袋に入れよく混ぜ合わせる
2. 豚バラ肉はひと口大の半分ほどの大きさに切り、1の中に入れて揉み込み冷蔵庫で1時間ほど寝かす
3. 冷蔵庫から出して、薄く油をひいたフライパンで2を焼く
4. 卵は目玉焼きにする
5. 海苔に切れ目を入れ、ラップの上に敷く
6. 左2面にレタス、左上に4と3、右2面にごはんを配置して折りたたみ、ラップで包んでカットする

ビビンパ

韓国系

材料

海苔 … 1枚
ごはん … 茶碗1杯分
卵 … 1/2個
ナムル（もやし、ぜんまい、
　小松菜など数種類）
　… 好きなだけ
キムチ … 適量
たくあん … 1~2枚

作り方

1. 卵を割りほぐして過熱し、錦糸卵を作る
2. 海苔に切れ目を入れ、ラップの上に敷く
3. 左上にナムル、1、キムチ、たくあんを横一列に並べ、右2面にごはんを配置して折りたたみ、ラップで包んでカットする

ハラペーニョ プルコギ

材料

海苔 … 1枚
ごはん
　… 茶碗1杯分
レタス … 1枚
ハラペーニョ
　ソース … 適量

プルコギ（キンパには出来上がりのうち80gを使用）
薄切り牛肉
　… 150g
玉ねぎ … 1/3個
にんじん … 1/3本
プルコギソース
　… 適量

作り方

1. 玉ねぎはくし切り、にんじんは短冊切りにする。薄切り牛肉と一緒にプルコギソースに漬け、冷蔵庫で30分寝かせる
2. 1をフライパンで焼く
3. 海苔に切れ目を入れ、ラップの上に敷く
4. 左2面にレタス、左上に2をのせてハラペーニョソースを適量ふりかける。右2面にごはんを配置して折りたたみ、ラップで包んでカットする

間違いなく美味しい

韓国系

材料
海苔 … 1枚
ごはん … 茶碗1杯分
卵 … 1個
プルコギ … 100g
グリーンリーフ … 2~3枚

作り方
1 卵は目玉焼きにする
2 海苔に切れ目を入れ、ラップの上に敷く
3 左上にグリーンリーフ半量、プルコギ、1、残りのグリーンリーフを重ねる。右2面にごはんを配置して折りたたみ、ラップで包んでカットする

韓国짱

材料
海苔 … 1枚
ごはん … 茶碗1杯分
たくあん … 適量
卵 … 1個
ヤンニョムチキン … 90g

作り方
1 たくあんはみじん切りにし、卵は目玉焼きにする
2 海苔に切れ目を入れ、ラップの上に敷く
3 左上に目玉焼き、ヤンニョムチキン、たくあん、右2面にごはん、たくあんを配置して折りたたみ、ラップで包んでカットする

31

オサムギョプサル

材料

海苔 … 1枚
ごはん … 茶碗1杯分
スライスチーズ(チェダー)
　… 2枚
オサムギョプサル
(キンパには出来上がりのうち
75gを使用)
　イカ … 150g
　豚バラ肉 … 120g
　にんじん … 2/3本
玉ねぎ … 半分
キムチ … 75g

調味料
にんにく … 1かけ
生姜 … 5g
コチュジャン … 大さじ2
醤油 … 大さじ1
料理酒 … 大さじ1
水飴　大さじ1

作り方

1. 調味料をすべてビニール袋に入れてよく混ぜる
2. イカ、豚バラ肉をひと口大に切り、にんじんは短冊切りに、玉ねぎは薄切りにする
3. 1の中に2とキムチを入れてよく揉み、冷蔵庫で30分ほど寝かせる
4. 冷蔵庫から出した3をフライパンで炒める
5. 火が通ったら、ごはんを入れてよく混ぜ合わせる
6. 海苔に切れ目を入れ、ラップの上に敷く
7. 左下に1/3量の5をのせ、右側にチーズを1枚ずつのせさらにその上に5の残りを配置して折りたたみ、ラップで包んでカットする

カルビサンチュ

材料

海苔 … 1枚
ごはん　茶碗1杯分
カルビ … 5枚
えごまの葉 … 1〜2枚
サンチュ … 1〜2枚

たれ
醤油 … 大さじ1
砂糖 … 小さじ1
酒 … 小さじ1
すりおろしにんにく … 適量
ごま油 … 適量
すりおろしりんご … 1/2分

作り方

1. たれの材料をすべて混ぜ、カルビを冷蔵庫で30分漬ける
2. 1をフライパンで加熱し、火を通す
3. 海苔に切れ目を入れ、ラップの上に敷く
4. 左下にサンチュ、左上にえごまの葉とその上に2をのせ、右側2面にごはんを配置して折りたたみ、ラップで包んでカットする

韓国系

サムギョプサル × クリームチーズ × バジルソース

材料
- 海苔 … 1枚
- ごはん … 茶碗1杯分
- 塩コショウ … 適量
- 豚バラ肉 … 70g
- サニーレタス … 2枚
- クリームチーズ … 45g
- バジルソース … 適量

作り方
1. 塩コショウした豚バラ肉を焼く
2. 海苔に切れ目を入れ、ラップの上に敷く
3. 左2面にサニーレタスをのせ、左上のレタスの上に **1**、クリームチーズ、バジルソースを順にのせる。右側にごはんを配置して折りたたみ、ラップで包んでカットする

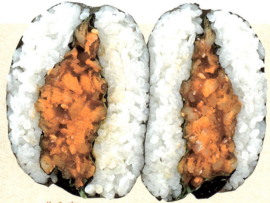

さきいか コチュジャン炒め

材料
- 海苔 … 1枚
- ごはん … 茶碗1杯分
- さきいか … 70g
- 水 … 10ml
- ごま油 … 適量
- てんさい糖(液体) … 大さじ1
- コチュジャン … 大さじ1
- 白ごま … 適量
- レタス … 2枚

作り方
1. さきいかを耐熱容器に入れ、水10mlをかけたあとラップをして電子レンジで30秒加熱する
2. フライパンに、ごま油をひいて、てんさい糖とコチュジャンを入れて火にかけながらよく混ぜる
3. フツフツしてきたら **1** を入れてよく和えて、最後に白ごまをかける
4. 海苔に切れ目を入れ、ラップの上に敷く
5. 左下にレタス一枚、左上に残りのレタスをのせ、その上に **3** をのせる
6. 右2面にごはんを配置して折りたたみ、ラップで包んでカットする

素敵ステーキ

お肉系

材料

海苔 … 1枚
ごはん … 茶碗1杯分
ステーキ肉 … 80g
ステーキソース … 適量
卵 … 1/2個
砂糖 … 少々
グリーンレタス … 2枚

見た目も豪華

たっぷり
ステーキ入り

卵で色合いも
ばっちり

作り方

1 フライパンでステーキ肉を焼き、ステーキソースを入れて絡める

2 卵を割りほぐして砂糖を加え、過熱して錦糸卵を作る

3 海苔に切れ目を入れ、ラップの上に敷く

4 左2面にグリーンレタス、左上に **1** と **2**、右2面にごはんを配置して
折りたたみ、ラップで包んでカットする

スパムパプリカ

材料

海苔 … 1枚
ごはん … 茶碗1杯分
スパム … スライス2枚
赤パプリカ … 細切り1本
黄パプリカ … 細切り1/2本
卵 … 1/2個
レタス … 1枚

お肉系

作り方

1. スパムの内側を2枚ともくり抜く
2. くり抜いた部分の長さに合わせ、パプリカとスパム（くり抜いた内側部分を使用）を細長く切る
3. 1枚目のスパムは、くり抜いた部分にスパムとパプリカを交互にはめ込み、両面をフライパンで焼く
4. 2枚目のスパムはくり抜いた内側のスパムをさらに刻み、割りほぐした卵と混ぜ、くり抜いた部分に流し込んで両面をフライパンで焼く
5. 海苔に切れ目を入れ、ラップの上に敷く
6. 左2面にレタス、左上に**3**と**4**、右2面にごはんを配置して折りたたみ、ラップで包んでカットする

茶色美味！

材料

海苔 … 1枚
ごはん … 茶碗1杯分
じゃがいも … 1個
塩コショウ … 適量
牛肉 … 100g
醤油 … 大さじ1
にんにく … 少々
オイスターソース … 大さじ1/2
料理酒 … 大さじ1/2

作り方

1. じゃがいもは細切りにして炒め、塩コショウで味を整える
2. 牛肉は醤油、にんにく、オイスターソース、料理酒で味つけし、フライパンで加熱する
3. 海苔に切れ目を入れ、ラップの上に敷く
4. 左上に**2**と**1**、右2面にごはんを配置して折りたたみ、ラップで包んでカットする

甘酒味噌マヨチキン

材料
海苔 … 1枚
ごはん … 茶碗1杯分
味噌 … 小さじ1
甘酒 … 大さじ1
マヨネーズ … 小さじ1
鶏むね肉 … 80g
サニーレタス … 2枚

作り方

1. 味噌、甘酒、マヨネーズをよく混ぜる
2. 鶏むね肉は薄く油をひいたフライパンで焼き、そのあと1を入れ焦げないように混ぜながら絡める
3. 海苔に切れ目を入れ、ラップの上に敷く
4. 左2面にサニーレタス、左上に2、右2面にごはんを配置して折りたたみ、ラップで包んでカットする

激辛麻婆豆腐

材料
海苔 … 1枚
ごはん … 茶碗1杯分
サニーレタス … 2〜3枚
四川麻婆豆腐 … 70g

作り方

1. 海苔に切れ目を入れ、ラップの上に敷く
2. 左2面にサニーレタス、左上に四川麻婆豆腐、右2面にごはんを配置して折りたたみ、ラップで包んでカットする

崎陽軒のシウマイ

材料
- 海苔…1枚
- ごはん…茶碗1杯分
- 卵…1/2個
- 砂糖…少々
- 絹さや…5つ
- シウマイ…4個

丸ごとシウマイ入ってます

絹さやのシャキシャキ感

作り方

1 卵を割りほぐして砂糖を加え、過熱して錦糸卵を作る

2 絹さやは茹でて火を通す

3 海苔に切れ目を入れ、ラップの上に敷く

4 左上に2を並べ、その上にシウマイをのせ、さらにその上に1をのせる。右2面にごはんを配置して折りたたみ、ラップで包んでカットする

お肉系

豪華ファミレス風

材料
海苔…1枚
ごはん…茶碗1杯分
卵…1個
にんじん…ふたかけ
ブロッコリー
　…ひとかけ
デミグラスハンバーグ
　…1/2個

ファミレスの
ワンプレートを
片手でいただく

ボリューム満点
ハンバーグ

たっぷり
デミグラスソース♡

お肉系

作り方

1. 目玉焼きを作り、にんじん、ブロッコリーはレンジで加熱する
2. 海苔に切れ目を入れ、ラップの上に敷く
3. 左上に目玉焼き、デミグラスハンバーグ、にんじん、ブロッコリーの順にのせ、右2面にごはんを配置して折りたたみ、ラップで包んでカットする

しそぎゅー

材料
- 海苔 … 1枚
- ごはん … 茶碗1杯分
- 大葉 … 3枚
- 牛肉 … 100g
- ナス … 1/3本

調味料
- 醤油 … 大さじ1
- みりん … 大さじ1
- 酒 … 大さじ1
- オリゴ糖 … 大さじ1/2

作り方
1. 大葉を1枚千切りにする
2. 牛肉と半月切りにしたナスを軽く油で炒め、調味料を入れて煮て火を通す
3. 海苔に切れ目を入れ、ラップの上に敷く
4. 左2面に大葉、さらに左上に2と1、右2面にごはんを配置して折りたたみ、ラップで包んでカットする

渦巻き豚ロース

材料
- 海苔 … 1枚
- ごはん … 茶碗1杯分
- 豚ロース肉(薄切り) … 3枚
- 片栗粉 … 適量
- 小松菜 … 3枚
- みりん … 適量
- 酒 … 適量
- 醤油 … 適量
- にんじん … 1/3本
- レタス … 3枚

作り方
1. 豚ロースに片栗粉をまぶし、茹でた小松菜をのせて巻く
2. 1をフライパンで加熱し、みりん、酒、醤油で味つけする
3. にんじんは千切りにし、レンジで加熱してやわらかくする
4. 海苔に切れ目を入れ、ラップの上に敷く
5. 左下に半量のレタス、その上に3をのせ、左上に2を並べその上に残りのレタスをのせる
6. 右側2面にごはんを配置して折りたたみ、ラップで包んでカットする

さっぱり鶏バーグ

お肉系

材料

海苔 … 1枚
ごはん … 茶碗1杯分
大葉 … 2枚

鶏バーグ
出来上がりのうち1個を使用

- 鶏ひき肉 … 200g
- はんぺん … 1枚
- 大葉 … 1枚
- 鶏がらスープの素 … 小さじ2
- 塩コショウ … 少々

作り方

1. 鶏ひき肉にはんぺんをちぎって入れ、よく混ぜる
2. 1に刻んだ大葉と、鶏がらスープの素、塩コショウを入れて混ぜ、何個か俵形に成形して焼く
3. 海苔に切れ目を入れ、ラップの上に敷く
4. 左上に大葉、2 1個、大葉を順にのせ、右2面にごはんを配置して折りたたみ、ラップで包んでカットする

一瓶で味キマる

材料

海苔 … 1枚
ごはん … 茶碗1杯分
豚バラ肉 … 100g
白菜 … 3枚
鶏がらスープの素 … 小さじ1
姜葱醤(ジャンツォンジャン) … 適量
韓国海苔 … 1枚

作り方

1. 薄く油をひいたフライパンで豚バラ肉を炒め、ひと口大にカットした白菜を入れてさらに炒める。鶏がらスープの素と姜葱醤を加え、味がなじんだら完成
2. 海苔に切れ目を入れ、ラップの上に敷く
3. 左2面に韓国海苔、左上に1(出来上がりから適量を使用)、右2面にごはんを配置して折りたたみ、ラップで包んでカットする

40

塩麹チキン

お肉系

材料
海苔 … 1枚
ごはん … 茶碗1杯分
鶏もも肉 … 70g
塩麹 … 適量
レタス … 2枚

作り方

1. 鶏もも肉をひと口大に切り、塩麹に漬けて30分〜1時間おく
2. 油をひいたフライパンで表面を焼き、弱火でふたをして火が通るまで加熱する
3. 海苔に切れ目を入れ、ラップの上に敷く
4. 左2面にレタスをのせ左上に2を、右2面にごはんを配置して折りたたみ、ラップで包んでカットする

角煮

材料
海苔 … 1枚
ごはん … 茶碗1杯分
レタス … 1枚
角煮 … 50g
ミニオムレツ … 1個

作り方

1. 海苔に切れ目を入れ、ラップの上に敷く
2. 左2面にレタス、左上に角煮とミニオムレツ、右2面にごはんを配置して折りたたみ、ラップで包んでカットする

レッドチリペッパーチキン

材料

海苔 …1枚
ごはん …茶碗1杯分
卵 …1個
砂糖 …ひとつまみ
コーン …20g
ブロッコリー …適量
塩コショウ …適量
レッドチリペッパー
　チキン（業務スーパー）
　…4個

バランスもよし

食欲そそる配色

ピリ辛の刺激が
次のひと口を誘う

作り方

1 卵を割りほぐして砂糖とコーンを混ぜ、過熱してそぼろ状にする

2 ブロッコリーはひと口大にカットし、塩コショウで炒める

3 海苔に切れ目を入れ、ラップの上に敷く

4 左上に1、レッドチリペッパーチキン、2の順にのせ、右2面にごはんを配置して折りたたみ、ラップで包んでカットする

ささみバジル巻き

材料
海苔 … 1枚
ごはん … 茶碗1杯分
卵 … 1/2個
砂糖 … 少々
ささみ … 小さめ1本
バジル … 適量
バジルソルト … 適量
ベビーリーフ … 適量

作り方
1. 卵を割りほぐして砂糖を加え、過熱して錦糸卵を作る
2. ささみを薄く開き、バジルをはさみくるくる巻いてバジルソルトをふって焼く
3. 海苔に切れ目を入れ、ラップの上に敷く
4. 左下にベビーリーフ、左上に1と2、右2面にごはんを配置して折りたたみ、ラップで包んでカットする

焼豚がっつり

材料
海苔 … 1枚
ごはん … 茶碗1杯分
赤パプリカ … 1/4個
オレンジパプリカ … 1/4個
焼豚 … 50g
グリーンレタス … 2枚

作り方
1. パプリカはくし切りに、焼豚はひと口大にカットする
2. 海苔に切れ目を入れ、ラップの上に敷く
3. 左2面にグリーンレタス、左上に焼豚とパプリカ、右2面にごはんを配置して折りたたみ、ラップで包んでカットする

主役はジェノベーゼソース

材料

海苔 … 1枚
ごはん … 茶碗1杯分
ウインナー … 4本
ジェノベーゼソース
　にんじんの葉 … 4本分
　すりおろしにんにく
　　… 適量
　オリーブオイル
　　… 大さじ4
　塩 … ひとつまみ
にんじんのごま和え
　にんじん … 1/2本
　すりごま … 小さじ1.5
　みりん … 小さじ1
　醤油 … 小さじ1/2

ジェノベーゼソースの香り♡

ビタミンカラーでテンションアップ

たっぷりウインナー

お肉系

作り方

1. にんじんの葉をなるべく細かいみじん切りにし、おろしにんにくとオリーブオイル、塩を混ぜる
2. にんじんはみじん切りにしてレンジで加熱する。すりごまとみりん、醤油を加えてよく混ぜる
3. ウインナーは半分にカットして焼き目をつける
4. 海苔に切れ目を入れ、ラップの上に敷く
5. 左上に3と1（大さじ1）、右2面に2を混ぜたごはんをのせて折りたたみ、ラップで包んでカットする

44

青じそつくね

材料
- 海苔 … 1枚
- ごはん … 茶碗1杯分
- たくあん … 適量
- グリーンリーフ … 2-3枚
- 青じそつくね … 3個

お肉系

たくあんの食感！いい仕事してます

かぶりつきたくなるフォルム

飛び出すつくね

作り方

1. たくあんをみじん切りにする
2. 海苔に切れ目を入れ、ラップの上に敷く
3. 左2面にグリーンリーフ、左上に青じそつくねと 1、右2面にごはんを配置して折りたたみ、ラップで包んでカットする
4. つくねをひっくり返し、丸い方を表に出す

ぐるぐる肉巻き

お肉系

材料
海苔…1枚
ごはん…茶碗1杯分
茹で卵…1個
マヨネーズ…適量
コショウ…適量
豚ロース肉（薄切り）
　…2枚
アウトドアスパイス
　ほりにし…適量
ロメインレタス…3枚

作り方
1. 茹で卵を刻んでマヨネーズとコショウで味を整える
2. 豚肉を叩いて薄くしてからアウトドアスパイスほりにしをかけ、1をのせてくるくる巻いてフライパンで火を通す
3. 海苔に切れ目を入れ、ラップの上に敷く
4. 左2面にロメインレタス、左上に2、右2面にごはんを配置して折りたたみ、ラップで包んでカットする

棒餃子 × にんじん

材料
海苔…1枚
ごはん…茶碗1杯分
にんじん…1/4本
塩…適量
サンチュ…2枚
棒餃子…2個

作り方
1. にんじんは千切りにし、レンジで加熱し軽く塩をふる
2. 海苔に切れ目を入れ、ラップの上に敷く
3. 左下にサンチュ、左上に棒餃子、その上に1をのせ、右2面にごはんを配置して折りたたみ、ラップで包んでカットする

デカ唐揚げ

材料

海苔 … 1枚
ごはん … 茶碗1杯分
唐揚げ（大きいもの）… 1個
梅おかか … 適量
　梅干し … 1粒
　かつお節 … 使い切りサイズ1パック
　醤油 … 数滴
グリーンリーフ … 1枚

作り方

1. 梅干しの種を取り除き、包丁で叩いたらかつお節と醤油と混ぜる
2. 海苔に切れ目を入れ、ラップの上に敷く
3. 左2面にグリーンリーフ、左上に唐揚げ、右2面にごはんを配置して、左下以外の3面に1をのせて折りたたみ、ラップで包んでカットする

生姜焼き×豆苗炒め

材料

海苔 … 1枚
ごはん … 茶碗1杯分
豚バラ肉 … 50g
片栗粉 … 適量
すりおろし生姜 … 1かけ分
砂糖 … 大さじ1/2
醤油 … 大さじ1/3
酒 … 大さじ1
豆苗 … 半パック分
塩コショウ … 少々

作り方

1. 豚バラ肉を食べやすいサイズに切り、片栗粉をまぶしておく
2. 薄く油を引いたフライパンで1を焼き火を通す
3. 2に塩コショウ以外の調味料をかけて絡める
4. 豆苗は、塩コショウをかけて軽く炒める
5. 海苔に切れ目を入れ、ラップの上に敷く
6. 左上に半量の4、その上に3、残りの4をのせ、右2面にご飯を配置して折りたたみ、ラップで包んでカットする

パクチー × 豚肉薄切り炒め

お肉系

材料
- 海苔 … 1枚
- ごはん … 茶碗1杯分
- パクチー … 1株
- フルーツトマト 4個
- 豚バラ肉 … 120g
- 塩コショウ … 適量

作り方
1. パクチーは約6cm、フルーツトマトは縦に半分に切っておく
2. フライパンに薄く油をひいて、豚肉を炒め塩コショウで味つけをする
3. 海苔に切れ目を切れ、ラップの上に敷く
4. 左上にパクチーを半量のせ、その上に2、さらにトマトを並べ、最後に半量のパクチーをのせる。右2面にごはんを配置して折りたたみ、ラップで包んでカットする

煮豚と卵

材料
- 海苔 … 1枚
- ごはん … 茶碗1杯分
- 卵 … 1個
- 砂糖 … ひとつまみ
- サンチュ … 2枚
- 煮豚 … 50g

作り方
1. 卵を割りほぐして砂糖を加え、過熱してスクランブルエッグを作る
2. 海苔に切れ目を入れ、ラップの上に敷く
3. 左2面にサンチュ、左上に1と煮豚、右2面にごはんを配置して折りたたみ、ラップで包んでカットする

48

チーズ巻きベーコン

材料
海苔…1枚
ごはん…茶碗1杯分
ブロックベーコン…3本
レタス…適量
スライスチーズ…1〜2枚

お肉系

美味しい組み合わせ

ベーコン食べ応えあり！

温めてチーズを
溶かしても美味しい

作り方

1. ブロックベーコンを棒状にカットし、軽く焼いておく
2. チーズをフライパンで加熱して溶かし、1をのせて巻いたら表面がカリッとするまで焼く
3. 海苔に切れ目を入れ、ラップの上に敷く
4. 左2面にレタス、左上に2、右2面にごはんを配置して折りたたみ、ラップで包んでカットする

たらこんぶ

材料
海苔…1枚
ごはん…茶碗1杯分
たらこ昆布…適量

作り方

1. 海苔に切れ目を入れ、ラップの上に敷く
2. 左上にたらこ昆布、右2面にごはんを配置して折りたたみ、ラップで包んでカットする

白身魚フライ×梅×大葉

材料
海苔…1枚
ごはん…茶碗1杯分
梅干し…1粒
大葉…2枚
白身魚フライ…1枚

作り方

1. 梅干しは種を取り除き、包丁で軽く叩く
2. 海苔に切れ目を切れ、ラップの上に敷く
3. 左2面に大葉を1枚ずつのせ、左上に半分に切った白身魚、最後に1をのせ、右2面にごはんを配置して折りたたみ、ラップで包んでカットする

ぶりの照り焼き

魚介系

材料
海苔 … 1枚
ごはん … 茶碗1杯分
いんげん … 10本
ぶりの照り焼き … 1切れ

作り方
1. いんげんは茹でて火を通す
2. ぶりの照り焼きは骨を取り除いて身をほぐす
3. 海苔に切れ目を入れ、ラップの上に敷く
4. 左上に1(半量)、2、残りの1の順にのせ、右2面にごはんを配置して折りたたみ、ラップで包んでカットする

エビたま

材料
海苔 … 1枚
ごはん … 茶碗1杯分
ベビーリーフ … 適量
エビチリ卵炒め … 65g

作り方
1. 海苔に切れ目を入れ、ラップの上に敷く
2. 左2面にベビーリーフ、左上にエビチリ卵炒め、右2面にごはんを配置して折りたたみ、ラップで包んでカットする

51

カニカマたまご

魚介系

材料
海苔 … 1枚
ごはん … 茶碗1杯分
カニカマ … 3本
卵 … 2個
砂糖 … ひとつまみ
赤パプリカ … 1/3個
サンチュ … 2枚

作り方

1. カニカマを刻んでほぐし、卵は卵白と卵黄をわける
2. 卵白のみをカニカマと砂糖と混ぜて加熱し、卵焼きを作る
3. ほぐした黄身で2を包みながら焼き、外側が黄色、内側が白の卵焼きを作る
4. 赤パプリカは薄切りにする
5. 海苔に切れ目を入れ、ラップの上に敷く
6. 左2面にサンチュ、左上に3とパプリカ、右2面にごはんを配置して折りたたみ、ラップで包んでカットする

しらすてんこ盛り

材料
海苔 … 1枚
ごはん … 茶碗1杯分
えごまの葉 … 2枚
釜揚げしらす … 好きなだけ

作り方

1. 海苔に切れ目を入れ、ラップの上に敷く
2. 左2面にえごまの葉、左上に釜揚げしらす、右2面にごはんを配置して折りたたみ、ラップで包んでカットする

魚介系

あさり
ガーリック

材料

海苔 … 1枚
ごはん … 茶碗1杯分
あさりむきみ … 30g
すりおろしにんにく … 5g
醤油 … 大さじ2
料理酒 … 大さじ2
卵 … 2個
砂糖 … 少々

作り方

1 あさりはにんにくと醤油、料理酒と炒める
2 卵を割りほぐして砂糖を混ぜ、過熱してスクランブルエッグを作る
3 海苔に切れ目を入れ、ラップの上に敷く
4 左2面に 2 、左上に 1 、右2面にごはんを配置して折りたたみ、ラップで包んでカットする

サバ缶カレー

材料

海苔 … 1枚
ごはん … 茶碗1杯分
サバの水煮 … 1/2缶
コーン … 大さじ2
カレールウ … 1かけ
グリーンレタス … 2枚

作り方

1 サバの水煮は汁気を切り、コーンと一緒に電子レンジで1分ほど加熱する
2 1にカレールウを入れ、溶けるまでよく混ぜる
3 海苔に切れ目を入れ、ラップの上に敷く
4 左2面にグリーンレタス、左上に 2 、右2面にごはんを配置して折りたたみ、ラップで包んでカットする

富山の名産

材料
海苔 … 1枚
ごはん … 茶碗1杯分
富山のかまぼこ（巻きかまぼこ）… 4切れ
とろろ昆布 … 好きなだけ

魚介系

富山のおにぎりは
とろろ昆布定番

他とは差がつく
インパクト大！

富山では
基本のかまぼこ

作り方

1. 海苔に切れ目を入れ、ラップの上に敷く
2. 左上に富山のかまぼこ、右2面にごはん、とろろ昆布の順にのせて折りたたみ、ラップで包んでカットする

54

サバ味噌バターコーン

材料
海苔 … 1枚
ごはん … 茶碗1杯分
サバの味噌煮 … 1缶
バター … 10g
サニーレタス … 2枚
コーン … 大さじ2

作り方

1. サバの味噌煮をほぐしてバターを加え、電子レンジでバターが溶けるまで過熱してよく混ぜる
2. 海苔に切れ目を入れ、ラップの上に敷く
3. 左2面にサニーレタス、左上にコーンと1、右2面にごはんを配置して折りたたみ、ラップで包んでカットする

貝のつぼ焼

材料
海苔 … 1枚
ごはん … 茶碗1杯分
みょうが … 1個
大葉 … 2枚
つぼ焼風味(ホテイフーズ) … 1缶

作り方

1. みょうがは輪切り、大葉は細切りにする
2. 海苔に切れ目を入れ、ラップの上に敷く
3. 左上につぼ焼風味(ホテイフーズ)、みょうが、大葉の順にのせ、右2面にごはんを配置して折りたたみ、ラップで包んでカットする

エビマヨ

材料

海苔…1枚
ごはん…茶碗1杯分
ブロッコリー…4房
茹で卵…1個
エビマヨ…80g
ブロッコリー…4房

たっぷりすぎるくらい詰めました

ブロッコリーのグリーンがエビマヨをひきたてる

魚介系

大人から子どもまで好きな味

作り方

1. ブロッコリーは過熱して火を通す
2. 茹でたまごは1/4にカットする
3. 海苔に切れ目を入れ、ラップの上に敷く
4. 左上に2、その上にエビマヨをのせ、さらに1をのせる。右2面にごはんを配置して折りたたみ、ラップで包んでカットする

56

魚介系

子持ち ししゃも

材料

海苔…1枚
ごはん…茶碗1杯分
ほうれん草…適量
醤油…適量
子持ちししゃも…4尾

作り方

1. ほうれん草は茹でて水気を絞り、数滴醤油をたらす
2. 子持ちししゃもは過熱して火を通す
3. 海苔に切れ目を入れ、ラップの上に敷く
4. 左上に1をのせ、その上に2を横向きに並べ、右2面にごはんを配置して折りたたみ、ラップで包んでカットする

マグロの 甘露煮

材料

海苔…1枚
ごはん…茶碗1杯分
グリーンレタス…2枚
マグロの甘露煮…好きなだけ

作り方

1. 海苔に切れ目を入れ、ラップの上に敷く
2. 左2面にグリーンレタス、左上にマグロの甘露煮、右2面にごはんを配置して折りたたみ、ラップで包んでカットする

57

海のミルク

材料

海苔 … 1枚
ごはん … 茶碗1杯分
ブロッコリー … 適量
カキ(加熱調理用) … 5個
卵 … 1個
バター … 10g
塩コショウ … 適量

魚介系

ブロッコリー大活躍

バターとカキの相性最高

惜しみなくカキを入れました

作り方

1. ブロッコリーはひと口大にカットし、レンジで加熱しておく
2. ブロッコリーとカキ、卵をバターと塩コショウで炒める
3. 海苔に切れ目を入れ、ラップの上に敷く
4. 左下にブロッコリー、左上にカキ、右2面にごはんを配置して折りたたみ、ラップで包んでカットする

さんまの蒲焼き × 菜の花

魚介系

材料

海苔 …1枚
ごはん …茶碗1杯分
菜の花 …30g
さんまの蒲焼き …1缶

作り方

1. 菜の花は茹でて水気を絞り、おひたしにする
2. 海苔に切れ目を入れ、ラップの上に敷く
3. 左上に1を半量のせ、その上にさんまの蒲焼きをのせ、さらに上に残りの1をのせる。右側2面にごはんを配置して折りたたみ、ラップで包んでカットする

シーフードドリア風

材料

海苔 …1枚
サフランライス …茶碗1杯分
冷凍シーフードミックス …40g
スライスチーズ(チェダー) …1枚
ホワイトソース …40g
レタス …2枚

作り方

1. 冷凍シーフードミックスをフライパンで火にかけて解凍したら、ホワイトソースを入れる(ソースがゆるい場合は水溶き片栗粉を入れる)
2. 海苔に切れ目を入れ、ラップの上に敷く
3. 左下にスライスチーズをのせ、左上にホワイトソース、その上にレタスをのせる。右側2面にサフランライスを配置して折りたたみ、ラップで包んでカットする

いわしの甘露煮

材料
海苔…1枚
ごはん…茶碗1杯分
小松菜…適量
卵…1個
釜揚げしらす…適量
いわしの甘露煮…2本

栄養バランスも良し
日本の味を込めました
甘露煮でほっこり

魚介系

作り方

1. 小松菜は茹でて水気を絞り、おひたしにする
2. 卵を割りほぐしてしらすを混ぜ、過熱して卵焼きを作る
3. 海苔に切れ目を入れ、ラップの上に敷く
4. 左下に1、左上にいわしの甘露煮と2、右2面にごはんを配置して折りたたみ、ラップで包んでカットする

抜群に美味しくなる

材料
- 海苔 … 1枚
- ごはん … 茶碗1杯分
- 焼き鮭 … 1切れ
- クリームチーズ … 20g
- ベビーリーフ … 適量
- マヨネーズ … 適量

魚介系

クリームチーズで味が格段にアップ!!

あるようでなかった組み合わせ

たっぷり焼き鮭

作り方

1. 焼き鮭は皮と骨を取り除いて身をほぐす
2. クリームチーズは角切りにする
3. 海苔に切れ目を入れ、ラップの上に敷く
4. 左2面にベビーリーフ、左上に**1**と**2**とマヨネーズ、右2面にごはんを配置して折りたたみ、ラップで包んでカットする

ガーリックシュリンプ

材料
海苔 …1枚
ごはん …茶碗1杯分
赤パプリカ …1/4個
黄パプリカ …1/4個
サニーレタス …2枚
ガーリックシュリンプ …5尾

鮮やかな
パプリカで
元気に

南国っぽい
イメージに
仕上がりました

たっぷりの
プリプリエビ

作り方

1. 赤パプリカ・黄パプリカはくし切りにする
2. 海苔に切れ目を入れ、ラップの上に敷く
3. 左2面にサニーレタス、左上にガーリックシュリンプと1、右2面にごはんを配置して折りたたみ、ラップで包んでカットする

魚介系

白身魚フライ × 大葉

魚介系

材料
海苔…1枚
ごはん…茶碗1杯分
白身魚のフライ…120g
　（ひと口サイズ3〜4個）
ポン酢…適量
ミニトマト…3個
大葉…1枚

作り方
1. 白身魚のフライにポン酢をかけ、ミニトマトは半分にカットする
2. 海苔に切れ目を入れ、ラップの上に敷く
3. 左上に大葉、白身魚のフライ、ミニトマトの順にのせ、右2面にごはんを配置して折りたたみ、ラップで包んでカットする

ほっけの塩焼き

材料
海苔…1枚
ごはん…茶碗1杯分
菜の花…30g
ほっけの塩焼き…70g

作り方
1. 菜の花は茹でて水気を絞り、おひたしにする
2. ほっけの塩焼きは軽く身をほぐす
3. 海苔に切れ目を入れ、ラップの上に敷く
4. 左上に1(半量)、2、残りの1の順にのせ、右2面にごはんを配置して折りたたみ、ラップで包んでカットする

サバの西京焼き

材料
海苔 … 1枚
ごはん … 茶碗1杯分
にんじん … 1/3本
カンタン酢（ミツカン）… 30ml
いんげん … 10本
サバの西京焼き … 小2切れ

魚介系

健康的で
からだ喜ぶ

これなら
お魚も手軽に
食べられる

いんげんを
キレイに配列

作り方

1. にんじんは千切りにして、袋に入れカンタン酢に20分ほど漬けて、しんなりさせる
2. いんげんは茹でて火を通す
3. 海苔に切れ目を入れ、ラップの上に敷く
4. 左上に2（半量）、サバの西京焼き、1、残りの2の順にのせ、右2面にごはんを配置して折りたたみ、ラップで包んでカットする

さんまの
ゆず胡椒煮

魚介系

材料

海苔…1枚
ごはん…茶碗1杯分
オレンジパプリカ…1/4個
サニーレタス…2枚
ひとくちさんまのゆず胡椒煮
　（サンクゼール）…4個

作り方

1. オレンジパプリカはくし切りにする
2. 海苔に切れ目を入れ、ラップの上に敷く
3. 左2面にサニーレタス、左上に1、さんまのゆず胡椒煮、右2面にごはんを配置して折りたたみ、ラップで包んでカットする

スパイシーポキ

材料

海苔…1枚
ごはん…茶碗1杯分
レタス…1枚
れんこん醤油煮…適量
漬けマグロ…25g
漬けサーモン…25g
アボカド…1/2個
タバスコ…適量
枝豆…適量

作り方

1. 海苔に切れ目を入れ、ラップの上に敷く
2. 左上にレタス、れんこん醤油煮、漬けマグロ、漬けサーモン、アボカドの順にのせ、タバスコをふり、右2面にごはんを配置する
3. 左上と右2面に枝豆をのせて折りたたみ、ラップで包んでカットする

パワー！

材料
海苔 … 1枚
ごはん … 茶碗1杯分
ほうれん草卵炒め
　… 適量
レバーにんにくの芽炒め
　… 適量

栄養たっぷり

作り方

1. 海苔に切れ目を入れ、ラップの上に敷く
2. 左上にほうれん草卵炒めとレバーにんにくの芽炒め、右2面にごはんを配置して折りたたみ、ラップで包んでカットする

元気になれる四角キンパ

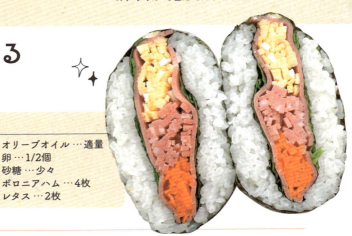

材料
海苔 … 1枚
ごはん … 茶碗1杯分
にんじん … 1/3本
塩 … 適量
カンタン酢（ミツカン） … 適量
オリーブオイル … 適量
卵 … 1/2個
砂糖 … 少々
ボロニアハム … 4枚
レタス … 2枚

作り方

1. にんじんは千切りにし、塩をまぶしてしばらくおいて、カンタン酢とオリーブオイルを混ぜ、よく絞る
2. 卵を割りほぐして砂糖を混ぜ、過熱して錦糸卵を作る
3. ボロニアハム1枚を半分にカットし、1/2枚をとっておく。あまったボロニアハム1/2と残りのボロニアハムを細切りにする
4. 海苔に切れ目を入れ、ラップの上に敷く
5. 左2面にレタス、左下に1/2枚のボロニアハム、左上に1と2、細切りボロニアハム、右2面にごはんを配置して折りたたみ、ラップで包んでカットする

66

豚パプリカ巻き

栄養たっぷり

材料
- 海苔…1枚
- ごはん…茶碗1杯分
- 紫キャベツ…適量
- 赤パプリカ…1/3個
- 黄パプリカ…1/3個
- 豚ロース肉(薄切り)…3枚
- ポン酢…適量
- 塩コショウ…適量
- レタス…2枚

食欲そそるビタミンカラー

見た目も華やか

ジューシーな豚肉とパプリカ

作り方

1. 紫キャベツは千切りにし、パプリカはくし切りにする
2. パプリカを豚肉で巻き、フライパンで加熱する。ポン酢と塩コショウを加え、完全に火を通す
3. 海苔に切れ目を入れ、ラップの上に敷く
4. 左下にレタスを敷き、左上に紫キャベツを敷いてから2をのせ、右2面にごはんを配置して折りたたみ、ラップで包んでカットする

ナスとパプリカの豚肉炒め

材料
海苔 … 1枚
ごはん … 茶碗1杯分
豚バラ肉 … 150g
片栗粉 … 適量
ナス … 1/2本
黄パプリカ … 1/4個
醤油 … 大さじ1
オイスターソース
　… 小さじ1
砂糖 … ひとつまみ
レタス … 2枚

栄養たっぷり

作り方
1. 豚肉に片栗粉をまぶし、ナスと黄パプリカは乱切りにする
2. 1を加熱し、醤油、オイスターソース、砂糖で味つけする
3. 海苔に切れ目を入れ、ラップの上に敷く
4. 左2面にレタス、左上に2、右2面にごはんを配置して折りたたみ、ラップで包んでカットする

ハートの日

材料
海苔 … 1枚
ごはん … 茶碗1杯分
魚肉ソーセージ
　… 6〜7cm×1本
明太子 … 適量
ツナ … 1/2缶
すりごま … 適量
黄パプリカ … 1/2個
オクラ … 2本

作り方
1. 魚肉ソーセージの中心を型抜きでハート形にくり抜き、出来た穴に明太子を詰める
2. ツナはよく汁気を切り、すりごまを混ぜる
3. 黄パプリカは薄切りにし、オクラは板ずりをして下処理をしておく
4. 海苔に切れ目を入れ、ラップの上に敷く
5. 左下に2、黄パプリカ半量、左上に残りの黄パプリカ、オクラ、1、右2面にごはんを配置して折りたたみ、ラップで包んでカットする

チーズ入りバーガー

栄養たっぷり

材料
- 海苔 … 1枚
- ごはん … 茶碗1杯分
- ブロッコリー … 適量
- ハーブソルト … 適量
- 卵 … 1個
- 砂糖 … ひとつまみ
- チーズ入りバーガー（丸大食品）… 4枚
- ミニトマト … 2つ

まるでハンバーガー!?

相性間違いなし！

ぜいたくバーガー

作り方

1. ブロッコリーはレンジで加熱し、ハーブソルトをかける
2. 卵を割りほぐして砂糖を混ぜ、過熱して卵焼きを作る
3. チーズ入りバーガーに焼き目をつけ、ミニトマトは半分にカットする
4. 海苔に切れ目を入れ、ラップの上に敷く
5. 左上に1、チーズ入りバーガー、2、トマトの順に重ね、右2面にごはんを配置して折りたたみ、ラップで包んでカットする

美味しさの押し売り

材料
海苔 … 1枚
ごはん … 茶碗1杯分
卵 … 1個
砂糖 … ひとつまみ
厚切りベーコン … 2枚
大豆ミートそぼろ … 適量
ほうれん草ナムル … 25g

栄養たっぷり

作り方

1. 卵を割りほぐして砂糖を混ぜ、過熱してスクランブルエッグを作る
2. ベーコンは角切りにして焼き目をつける
3. 海苔に切れ目を入れ、ラップの上に敷く
4. 左上に**1**、大豆ミートそぼろ、**2**、ほうれん草ナムルの順にのせ、右2面にごはんを配置して折りたたみ、ラップで包んでカットする

我が家の定番

材料
海苔 … 1枚
ごはん … 茶碗1杯分
ピーマン … 1/2個
赤パプリカ … 1/2個
ナス … 1本
味噌 … 小さじ1
砂糖 … 小さじ1
顆粒だし … 適量
みりん … 少々
大葉 … 2枚

作り方

1. ピーマンと赤パプリカはくし切り、ナスは薄めの半月切りにして炒める
2. **1**に味噌と砂糖、顆粒だし、みりんを入れて炒めあわせる
3. 海苔に切れ目を入れ、ラップの上に敷く
4. 左2面に大葉、左上に**2**、右2面にごはんを配置して折りたたみ、ラップで包んでカットする

沖縄ご当地
ゴーヤ
チャンプルー

栄養たっぷり

材料
海苔 … 1枚
白ごはん … 茶碗1/2杯分
サフランライス
　… 茶碗1/2杯分
レタス … 3枚
ゴーヤチャンプルー
　（コンビーフハッシュ入り）
　… 50g

作り方
1. 海苔に切れ目を入れ、ラップの上に敷く
2. 左下に半分量のレタスを敷き、左上に残りのレタスを敷く。その上にゴーヤチャンプルーをのせる。右上にサフランライス、右下にごはんを配置して折りたたみ、ラップで包んでカットする

台湾の定番
ルーローハン

材料
海苔 … 1枚
ごはん … 茶碗1杯分
卵 … 1個
砂糖 … ひとつまみ
いんげん … 8本
グリーンリーフ … 2枚
青葉魯肉飯料（青葉食品）
　（※ルーローハンの缶詰）… 1缶

作り方
1. 卵を割りほぐして砂糖を混ぜ、過熱してスクランブルエッグを作る
2. いんげんは茹でて火を通す
3. 海苔に切れ目を入れ、ラップの上に敷く
4. 左2面にグリーンリーフと2の半分、左上に魯肉飯料、1、残りの2の順にのせ、右2面にごはんを配置して折りたたみ、ラップで包んでカットする

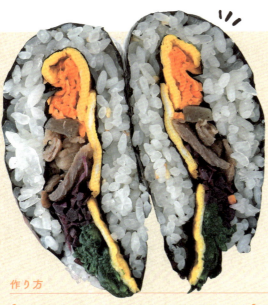

TV番組で紹介

栄養たっぷり

材料

海苔 … 1枚
ごはん … 茶碗1杯分
卵 … 1個
砂糖 … ひとつまみ
紫キャベツ … 1〜2枚
塩 … 適量
ほうれん草ナムル … 適量
にんじんナムル … 適量
牛肉こんにゃく煮 … 40g
白ごま … 適量

作り方

1. 卵を割りほぐして砂糖を混ぜ、過熱して薄焼き卵を作る
2. 紫キャベツは千切りにし、レンジで加熱して塩をふる
3. 海苔に切れ目を入れ、ラップの上に敷く
4. 左下に**1**、左上にほうれん草ナムル、にんじんナムル、牛肉こんにゃく煮、**2**、右2面に白ごまを混ぜたごはんを配置して折りたたみ、ラップで包んでカットする

ズッキーニ肉サンド

材料

海苔 … 1枚
ごはん … 茶碗1杯分
ズッキーニ … 輪切り4枚
片栗粉 … 適量
合いびき肉 … 100g
塩 … 小さじ1/4
醤油 … 小さじ1
コショウ … 少々
オリーブオイル … 適量
赤パプリカ … 1/4個
スライスチーズ … 1枚

作り方

1. ズッキーニを輪切りにして片栗粉をまぶす
2. 合いびき肉と塩、醤油、コショウを混ぜ合わせる。ズッキーニでお肉をサンドして、オリーブオイルで片面を焼いたら、ひっくり返してふたをして蒸し焼きにする。
3. 赤パプリカはくし切りにする
4. 海苔に切れ目を入れ、ラップの上に敷く
5. 左下にスライスチーズ、左上に**3**と**2**、右2面にごはんを配置して折りたたみ、ラップで包んでカットする

山東菜とひき肉

栄養たっぷり

材料

海苔 … 1枚
ごはん … 茶碗1杯分
卵 … 2個
砂糖 … ふたつまみ
山東菜 100g
合いびき肉 … 100g
オイスターソース … 適量
すりおろし生姜
　　… チューブ2cm
コショウ … 適量

シャキシャキ山東菜

ふんわり卵

ひき肉の旨み
絶妙のバランス

作り方

1. 卵を割りほぐして砂糖を混ぜ、過熱してスクランブルエッグを作る

2. 山東菜はざく切りにし、合いびき肉と炒めてオイスターソース、すりおろし生姜、コショウで味つけする

3. 海苔に切れ目を入れ、ラップの上に敷く

4. 左下に**1**、左上に**2**、右2面にごはんを配置して折りたたみ、ラップで包んでカットする

ピーマン肉そぼろ

栄養たっぷり

材料

海苔 … 1枚
ごはん … 茶碗1杯分
卵 … 1/2個
砂糖 … 少々
ピーマン肉そぼろ
　ピーマン … 1個
　合いひき肉 … 100g
　味噌 … 小さじ1
　顆粒だし … 小さじ1
　砂糖 … 小さじ1

作り方

1. 卵を割りほぐして砂糖を混ぜ、過熱して錦糸卵を作る
2. ピーマンは細切りにし、ひき肉と味噌、顆粒だし、砂糖で炒める
3. 海苔に切れ目を入れ、ラップの上に敷く
4. 左上に1半量を敷き、その上に2をのせ、さらにその上に残りの1をのせる。右2面にごはん配置して折りたたみ、ラップで包んでカットする

春の四角キンパ

材料

海苔 … 1枚
ごはん … 茶碗1杯分
スナップえんどう … 4さや
ベーコン … 3枚
カニカマ … 2本
卵 … 1個
砂糖 … ひとつまみ
にんじん … 1/3本
塩 … 適量
カンタン酢(ミツカン) … 適量
オリーブオイル … 適量

作り方

1. スナップえんどうは茹でて火を通し、ベーコンは軽く焼き目をつける。カニカマはほぐす
2. 卵を割りほぐして砂糖を混ぜ、過熱してスクランブルエッグを作る
3. にんじんは千切りにカットし、塩をまぶしてしばらくおいて、カンタン酢とオリーブオイルを混ぜ、よく絞る
4. 海苔に切れ目を入れ、ラップの上に敷く
5. 左下にベーコンをのせ、左上に2、その上にスナップえんどう、カニカマ、にんじんラペを順にのせる。右2面にごはんを配置して折りたたみ、ラップで包んでカットする

4種重ね

栄養たっぷり

材料

海苔 … 1枚
ごはん … 茶碗1杯分
小松菜 … 20g
卵 … 大1個
砂糖 … ひとつまみ
ツナ … 1/2缶
マヨネーズ … 小さじ1
肉そぼろ … 適量

作り方

1. 小松菜は茹でて水気を絞り、おひたしにする
2. 卵を割りほぐして砂糖を混ぜ、過熱してスクランブルエッグを作る
3. ツナはよく汁気を切り、マヨネーズと混ぜる
4. 海苔に切れ目を入れ、ラップの上に敷く
5. 左下に**3**、左上に肉そぼろ、**2**、**1**を順に重ね、右2面にごはんを配置して折りたたみ、ラップで包んでカットする

片手でガパオライス

材料

海苔 … 1枚
ごはん … 茶碗1杯分
赤パプリカ … 1/8個
サニーレタス … 2枚
目玉焼き … 1個
ガパオ炒め(鶏肉) … 70g
ミニトマト … 1個

作り方

1. 赤パプリカはくし切りにし、さらに横半分にカットする
2. 海苔に切れ目を入れ、ラップの上に敷く
3. 左2面にサニーレタス、左上に目玉焼き、**1**、ガパオ炒め(鶏肉)(1/3量)の順にのせ、右2面にごはんと残りのガパオ炒め、右上にミニトマトを配置して折りたたみ、ラップで包んでカットする

ミートソース × 茹で卵

材料

海苔 …1枚
ごはん …茶碗1杯分
レタス …2枚
ミートソース …30g
茹で卵 …1個

栄養たっぷり

濃厚ミートソースがしみこむ

ボリューム満点

トマトの酸味

作り方

1 海苔に切れ目を入れ、ラップの上に敷く

2 左下にレタス半量を敷き、左上に残りのレタスを敷く。その上にミートソースと茹で卵をのせ、右2面にごはんを配置して折りたたみ、ラップで包んでカットする

4色

栄養たっぷり

材料
海苔…1枚
ごはん…茶碗1杯分
ハム…2枚
たくあん…2枚
菜の花…20g
卵…1個
砂糖…ひとつまみ
肉そぼろ…20g

作り方

1. ハムとたくあんは細切りにし、菜の花は茹でてざく切りにする
2. 卵を割りほぐして砂糖を混ぜ、過熱してスクランブルエッグを作る
3. 海苔に切れ目を入れ、ラップの上に敷く
4. 左上に上から横向きに2、肉そぼろ、ハム、菜の花、たくあんの順におく、右2面にごはんを配置して折りたたみ、ラップで包んでカットする

コーン×鮭ごはん×クリームチーズ

材料
海苔…1枚
ごはん…茶碗1杯分
鮭フレーク…適量
クリームチーズ…20g
コーン…25g

作り方

1. ごはんに鮭フレークを入れてよく混ぜ合わせる
2. 海苔に切れ目を切れ、ラップの上に敷く
3. 左上にクリームチーズを伸ばし、その上にコーンをのせる。右2面に1を配置して折りたたみ、ラップで包んでカットする

日本の家庭の味

材料

海苔…1枚
ごはん…茶碗1杯分
レタス…1枚
スライスチーズ…1枚
肉じゃが…70g

残ったおかず

家庭料理の定番をギュッと

チーズをプラス

ほっこり肉じゃが

作り方

1. 海苔に切れ目を入れ、ラップの上に敷く
2. 左下にレタス、左上にスライスチーズと肉じゃが、右2面にごはんを配置して折りたたみ、ラップで包んでカットする

お弁当の中身だけで

残ったおかず

材料
- 海苔…1枚
- ごはん…茶碗1杯分
- スクランブルエッグ…20g
- いんげんのベーコン巻き…2個

作り方

1. 海苔に切れ目を入れ、ラップの上に敷く
2. 左上にスクランブルエッグといんげんのベーコン巻き、右2面にごはんを配置して折りたたみ、ラップで包んでカットする

カニカマ天

材料
- 海苔…1枚
- ごはん…茶碗1杯分
- 薄焼き卵…1枚
- カニカマ天ぷら…2本
- ブロッコリースプラウト…適量

作り方

1. 海苔に切れ目を入れ、ラップの上に敷く
2. 左上に薄焼き卵を敷き、上にカニカマ天ぷらを横に並べ、さらにその上にブロッコリースプラウトをのせる。右2面にごはんを配置して折りたたみ、ラップで包んでカットする

オムレツ × ブロッコリー × ハム × にんじん

> 残ったおかず

材料
- 海苔 … 1枚
- ごはん … 茶碗1杯分
- ブロッコリー … 4房
- オムレツ … 1個
- にんじんラペ … 20g
- ハム … 1枚
- ケチャップ … 適量

作り方
1. 海苔に切れ目を入れ、ラップの上に敷く
2. 左上に細かくしたブロッコリーをのせ、その上に、オムレツ、にんじんラペ、ハムを重ねる。右2面にごはんを配置して折りたたみ、ラップで包んでカットする
3. オムレツの上にケチャップをかける

カレーポテトサラダ

材料
- 海苔 … 1枚
- ごはん … 茶碗1杯分
- レタス … 2枚
- カレーポテトサラダ … 100g

作り方
1. 海苔に切れ目を入れ、ラップの上に敷く
2. 左2面にレタスを1枚ずつのせ、その上にカレーポテトサラダをのせる。2面にごはんを配置して折りたたみ、ラップで包んでカットする

たまエビサラダ

残ったおかず

材料

海苔 …1枚
ごはん …茶碗1杯分
スライスチーズ …1枚
ベビーリーフ …5g
たまエビサラダ
　茹で卵 …2個
　茹でエビ …25g
　マヨネーズ …大さじ1
　塩コショウ …少々

絶妙なハーモニー

*パンだけじゃなく
ごはんにも合う*

彩りも美しい

作り方

1 茹で卵と茹でエビを細かく刻む

2 **1**にマヨネーズと塩コショウを入れてよく混ぜる

3 海苔に切れ目を入れ、ラップの上に敷く

4 左下にスライスチーズ、左上にベビーリーフと**2**、右2面にごはんを配置して折りたたみ、ラップで包んでカットする

塩麹八宝菜

材料
海苔 … 1枚
ごはん … 茶碗1杯分
グリーンレタス … 1枚
塩麹八宝菜 … 80g

塩麹で旨味アップ！

具材たっぷり

ひと口で広がる奥深い味わい

作り方

1 海苔に切れ目を入れ、ラップの上に敷く
2 左2面にグリーンレタス、左上に八宝菜、右2面にごはんを配置して折りたたみ、ラップで包んでカットする

残ったおかず

磯辺揚げ

残ったおかず

材料
海苔 … 1枚
ごはん … 茶碗1杯分
絹さや … 4つ
卵 … 1/2個
砂糖 … 少々
磯辺揚げ … 2本

作り方

1. 絹さやはサッと茹でて火を通す
2. 卵を割りほぐして砂糖を混ぜ、過熱して錦糸卵を作る
3. 海苔に切れ目を入れ、ラップの上に敷く
4. 左上エリアの手前に絹さや、奥に2をおき、その上に横向きに磯辺揚げを並べる。右2面にごはんを配置して折りたたみ、ラップで包んでカットする

卵とナムル

材料
海苔 … 1枚
ごはん … 茶碗1杯分
スライスチーズ … 1枚
スクランブルエッグ … 30g
各種ナムル（にんじん、わらび、
　小松菜、もやし） … 各15g

作り方

1. スライスチーズは半分に切る
2. 海苔に切れ目を入れ、ラップの上に敷く
3. 左上にスクランブルエッグ半量、各種ナムル、残りのスクランブルエッグの順にのせ、右2面にごはんとスライスチーズを配置して折りたたみ、ラップで包んでカットする

ほくほくジャーマンポテト

材料

海苔 …1枚
ごはん
　…茶碗1杯分
サニーレタス
　…1枚

ジャーマンポテト
　じゃがいも …1個
　玉ねぎ …1/4個
　厚切りベーコン …1枚
　コーン …大さじ1
　塩コショウ …少々
　コンソメ
　　…ひとつまみ

作り方

1. じゃがいもをひと口大にカットして、600Wのレンジで3分ほど加熱する
2. 玉ねぎは薄切りにしてフライパンで加熱する。しんなりしたら角切りにした厚切りベーコンを加えて炒める
3. 2に1とコーンを追加して一緒に炒める
4. 塩コショウをしてコンソメを入れる
5. 海苔に切れ目を入れ、ラップの上に敷く
6. 左2面にサニーレタス、左上に4、右2面にごはんを配置して折りたたみ、ラップで包んでカットする

チンジャオロース

材料

海苔 …1枚
ごはん …茶碗1杯分
白ごま …適量
レタス …1枚
チンジャオロース
　（出来上がりのうち70gを使用）
　料理酒 …大さじ2
すりおろしにんにく
　…チューブ1.5cm
オイスターソース
　…大さじ1
砂糖 …小さじ1
牛肉 …200g
片栗粉 …適量
ピーマン …1個
パプリカ …1個
筍(水煮)1個

作り方

1. 料理酒、にんにく、オイスターソース、砂糖を混ぜ合わせる
2. 1の調味料に細切りにした牛肉を混ぜ合わせ、冷蔵庫で30分寝かせる
3. 2に片栗粉をまぶす
4. 3をフライパンで炒め、火が通ったらお皿にあける
5. 細切りにしたピーマン、パプリカ、筍を炒める
6. 5に火が通ったら、4をフライパンに戻してなじませる
7. 海苔に切れ目を入れ、ラップの上に敷く
8. 左2面にレタスを敷き、その上に6をのせる。右2面に白ごまを混ぜたごはんを配置して折りたたみ、ラップで包んでカットする

84

きくらげ卵炒め

材料

- 海苔 … 1枚
- ごはん … 茶碗1杯分
- レタス … 2枚
- きくらげ卵炒め
  - にんじん … 1/3本
  - ピーマン … 1/2個
  - きくらげ … 3枚
  - シーフードミックス … 60g
  - 鶏がらスープ顆粒 … 小さじ1
  - 醤油 … 小さじ1
  - オイスターソース … 適量
  - 卵 … 2個

残ったおかず

きくらげの歯ごたえとシーフードの旨み！

食べ応えあり！

作り方

1. にんじんは短冊切りにし、ピーマンは千切りにして縦半分に切る。きくらげはひと口サイズにする
2. フライパンに油をひいて1を炒める
3. 2を一旦お皿にあけて、シーフードミックスを冷凍のまま炒める
4. シーフードミックスに火が通ったら2をフライパンに戻し、鶏がらスープ顆粒、醤油、オイスターソースで味つけをする
5. 最後に溶き卵を加えて半熟程度になるまで火を通す
6. 海苔に切れ目を入れ、ラップの上に敷く
7. 左2面にレタスを敷き、左上に5、右2面にごはんを配置して折りたたみ、ラップで包んでカットする

おからの炒め煮

材料

海苔 …1枚
ごはん …茶碗1杯分
おからの炒め煮 …80g
菜の花のおひたし …20g

残ったおかず

おからと菜の花、和の味わい

和食材の新スタイル

ヘルシーな一品

作り方

1. 海苔に切れ目を入れ、ラップの上に敷く
2. 左上におからの炒め煮半量、菜の花のおひたし、残りのおからの炒め煮を順にのせ、右2面にごはんを配置して折りたたみ、ラップで包んでカットする

惣菜万歳

残ったおかず

材料

海苔 … 1枚
ごはん … 茶碗1杯分
ロメインレタス … 2枚
茹で卵ミートローフ … 2切

ふんわりボリューミー
ミートローフ

食欲そそる色合い

ボリューム感満点

作り方

1 海苔に切れ目を入れ、ラップの上に敷く

2 左2面にロメインレタス、左上に茹で卵ミートローフ、右2面
にごはんを配置して折りたたみ、ラップで包んでカットする

カレーコロッケ × キャベツ

材料
- 海苔 … 1枚
- ごはん … 茶碗1杯分
- 千切りキャベツ … 40g
- カレーコロッケ … 1つ

作り方
1. 海苔に切れ目を入れ、ラップの上に敷く
2. 左上にキャベツの千切り半量、その上にカレーコロッケをのせ、さらにその上に残りの千切りキャベツ半量をのせる。右2面にごはんを配置して折りたたみ、ラップで包んでカットする

丸ごと燻製卵入り

材料
- 海苔 … 1枚
- ごはん … 茶碗1杯分
- 卵 … 1/2個
- 砂糖 … ひとつまみ
- 燻製卵 … 1個
- 小松菜ナムル … 15g
- ぜんまいナムル … 15g
- にんじんナムル … 15g
- もやしナムル … 15g

作り方
1. 卵を割りほぐし砂糖を混ぜ、過熱して錦糸卵にする
2. 海苔に切れ目を入れ、ラップの上に敷く
3. 左上に各ナムルと1、燻製卵、右2面にごはんを配置して折りたたみ、ラップで包んでカットする

芋天

材料
- 海苔 … 1枚
- ごはん … 茶碗1杯分
- ブロッコリースプラウト … 適量
- さつまいもの天ぷら … 2枚
- 塩 … 適量

作り方

1. 海苔に切れ目を入れ、ラップの上に敷く
2. 左上にブロッコリースプラウト、その上にさつまいもの天ぷら2枚を重ね、塩をふる。右2面にごはんを配置して折りたたみ、ラップで包んでカットする

定番の安心おかず

材料
- 海苔 … 1枚
- ごはん … 茶碗1杯分
- 卵 … 1個
- 千切りキャベツ … 30g
- 唐揚げ … 2個
- 塩 … 少々

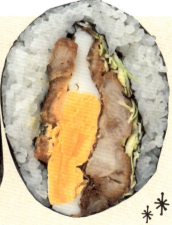

作り方

1. 卵は過熱して目玉焼きにする
2. 海苔に切れ目を入れ、ラップの上に敷く
3. 左上に千切りキャベツ半量、唐揚げ1個、1をのせて塩をかける。さらにその上に残りの唐揚げと千切りキャベツをのせ、右2面にごはんを配置して折りたたみ、ラップで包んでカットする

クリーミーどどん！

ボリューム

材料

海苔 … 1枚
ごはん … 茶碗0.8杯分
レタス … 1枚
クリームコロッケ … 2個
漬物 … 適量

作り方

1. 海苔に切れ目を入れ、ラップの上に敷く
2. 左2面にレタス、左上にクリームコロッケ、右2面にごはんと漬物を配置して折りたたみ、ラップで包んでカットする

しっとりチャーシュー

材料

海苔 … 1枚
ごはん … 茶碗1杯分
卵 … 1個
赤パプリカ … 1/4個
ロメインレタス … 2枚
チャーシュー … 2枚
マヨネーズ … 適量

作り方

1. 卵は過熱して目玉焼きにする
2. 赤パプリカはくし切りにする
3. 海苔に切れ目を入れ、ラップの上に敷く
4. 左2面にロメインレタス、左上に1とチャーシューをのせてその上に2、マヨネーズ、右2面にごはんを配置して折りたたみ、ラップで包んでカットする

かき揚げ

ボリューム

材料
海苔 … 1枚
ごはん … 茶碗1杯分
ブロッコリースプラウト … 適量
野菜のかき揚げ … 1枚

作り方
1. 海苔に切れ目を入れ、ラップの上に敷く
2. 左上にブロッコリースプラウト、その上に野菜のかき揚げをのせ、右2面にごはんを配置して折りたたみ、ラップで包んでカットする

クリームチーズ最強説

材料
海苔 … 1枚
ごはん … 茶碗1杯分
グリーンリーフ … 2枚
ひと口ヒレカツ … 1個
クリームチーズ … 20g
ソース … 適量

作り方
1. 海苔に切れ目を入れ、ラップの上に敷く
2. 左2面にグリーンリーフ、左上にヒレカツとクリームチーズをのせ、ソースをかける。右2面にごはんを配置して折りたたみ、ラップで包んでカットする

夫には多分ばれない

スピード

材料
海苔 … 1枚
ごはん … 茶碗1杯分
黄パプリカ … 1/4個
市販のお弁当
　（画像は角煮弁当）… 1つ
サニーレタス … 2枚

作り方

1. 黄パプリカは細切りにする
2. お弁当からメイン具材と漬物を取り出す
3. 海苔に切れ目を入れ、ラップの上に敷く
4. 左2面にサニーレタス、左上に1とお弁当のメイン具材、右2面にごはんと漬物を配置して折りたたみ、ラップで包んでカットする

にんじん × チーズ × ハム × ツナ

材料
海苔 … 1枚
ごはん … 茶碗1杯分
ハム … 1枚
スライスチーズ … 1枚
にんじん … 1/3本
塩 … 適量
ごま油 … 適量
ツナ … 25g
マヨネーズ
　… 大さじ1/2
塩コショウ
　… 少々

作り方

1. ハム、スライスチーズを半分に切ったあと千切りにする
2. にんじんを千切りしてレンジで加熱し、塩とごま油を混ぜ合わせる
3. ツナにマヨネーズと塩コショウを入れ混ぜ合わせる
4. 海苔に切れ目を切れ、ラップの上に敷く
5. 左上に下から2、3、スライスチーズ、ハムを一列ずつ並べて配置、右2面にごはんを配置して折りたたみ、ラップで包んでカットする

ボーダー四角キンパ

スピード

材料
海苔 … 1枚
ごはん … 茶碗1.8杯分
しっとりやわらかソフト
　ふりかけさけ（丸美屋）
　… 適量

作り方

1. ごはんの半量にしっとりやわらかソフトふりかけさけを混ぜる
2. 海苔に切れ目を入れ、ラップの上に敷く
3. 左下と右上は白ごはん→1、左上と右下は1→白ごはんの順で配置して折りたたみ、ラップで包んでカットする

海苔バター

材料
海苔 … 1枚
ごはん … 茶碗1杯分
スライスチーズ … 2枚
海苔バター（久世福商店）
　… 大さじ2

作り方

1. 海苔に切れ目を入れ、ラップの上に敷く
2. 左上に折りたたんだスライスチーズ、右2面にごはんと海苔バターを配置して折りたたみ、ラップで包んでカットする

夏バテには ニラ玉

スピード

材料

海苔 … 1枚
ごはん … 茶碗1杯分
スパム … スライス2枚
ニラ玉
　ニラ … 1/3束
　塩コショウ … 適量
　オイスターソース
　　… 小さじ1/2
　砂糖 … 少々
　卵 … 2個

作り方

1. ニラはざく切りにして塩コショウ、オイスターソース、砂糖と卵と炒め、ニラ玉にする
2. スパムは過熱して焼き目をつける
3. 海苔に切れ目を入れ、ラップの上に敷く
4. 左下に2、左上に1、右2面にごはんを配置して折りたたみ、ラップで包んでカットする

食感いいね たくあん×チーズ

材料

海苔 … 1枚
ごはん … 茶碗1杯分
プロセスチーズ … 1個
生ハムチーズ … 1個
たくあん … 3枚
塩昆布 … 適量

作り方

1. プロセスチーズと生ハムチーズ、たくあんを角切りにする
2. ごはんに塩昆布を混ぜる
3. 海苔に切れ目を入れ、ラップの上に敷く
4. 左上にプロセスチーズと生ハムチーズ、右2面にごはんを配置してその上にたくあんを散らして折りたたみ、ラップで包んでカットする

定番弁当

スピード

材料
海苔 … 1枚
ごはん … 茶碗1杯分
卵 … 1個
コーン … 大さじ1
ブロッコリー … 3房
塩コショウ … 少々
ウインナー … 3本
三島のゆかり（三島食品）
　… 適量

作り方

1. 卵を割りほぐしてコーンと一緒に炒める
2. ブロッコリーをひと口大にカットし、炒めて塩コショウで味つけする
3. ウインナーは乱切りにして焼き目がつくまで炒める
4. ゆかりをごはんに混ぜる
5. 海苔に切れ目を入れ、ラップの上に敷く
6. 左上に 2 と 3 と 1、右2面にごはんを配置して折りたたみ、ラップで包んでカットする

卵ツナ

材料
海苔 … 1枚
ごはん … 茶碗1杯分
ラディッシュ … 1個
レタス … 2枚
卵ツナ
　茹で卵 … 2個
　ツナ … 1缶
　マヨネーズ … 大さじ1
　顆粒コンソメ … ひとつまみ

作り方

1. ラディッシュはスライスする
2. 茹で卵を細かく切って、ツナとマヨネーズ、顆粒コンソメを入れて混ぜ合わせる
3. 海苔に切れ目を入れ、ラップの上に敷く
4. 左2面にレタス、左上に 1 と 2、右2面にごはんを配置して折りたたみ、ラップで包んでカットする

オムレツ × 明太子

材料

海苔…1枚
ごはん…茶碗1杯1
ブロッコリー
　スプラウト…5g
明太子…適量
オムレツ
　卵…3個
　砂糖…小さじ1
　牛乳…大さじ2
　塩コショウ…少々

作り方

1. 卵を割りほぐして砂糖、牛乳、塩コショウを混ぜ、過熱してオムレツを作る
2. 海苔に切れ目を入れ、ラップの上に敷く
3. 左下にブロッコリースプラウト、左上に1を配置して折りたたみ、ラップで包んでカットする
4. オムレツの中心に切れ目を入れて明太子を詰める

ちくわチーズ

材料

海苔…1枚
ごはん…茶碗1杯分
ちくわ…3本
雪印北海道100
　さけるチーズ…1本
フリルレタス…2〜3枚
香味万能ねぎ塩だれ
　（久世福商店）…適量

作り方

1. ちくわの穴にさけるチーズを詰め、軽く焼く
2. 海苔に切れ目を入れ、ラップの上に敷く
3. 左2面にフリルレタス、左上に1、香味万能ねぎ塩だれ、右2面にごはんを配置して折りたたみ、ラップで包んでカットする

96

こまツナ

材料

海苔 … 1枚
ごはん … 茶碗1杯分
レンチンこまつな
　小松菜 … 2株
　ツナ … 1缶
　塩 … ひとつまみ
レンチン卵チーズ
　卵 … 1個
　とろけるチーズ … 1枚

作り方

1. 小松菜をレンジで3分〜5分加熱して火を通し、油を切ったツナと塩を入れて混ぜる
2. 耐熱容器によく溶いた卵ととろけるチーズを入れてレンジで1分加熱し、かき混ぜる工程を3回繰り返す
3. 海苔に切れ目を入れ、ラップの上に敷く
4. 左上に半量の2の上に1、左下に半量の2、右2面にごはんを配置して折りたたみ、ラップで包んでカットする

美 四角キンパ

材料

海苔 … 1枚
ごはん … 茶碗1杯分
菜の花のおひたし … 20g
京漬け(しそ香々) … 15g
しば漬け … 15g

作り方

1. 海苔に切れ目を入れ、ラップの上に敷く
2. 左上に菜の花のおひたし、京漬け、しば漬け、右2面にごはんを配置して折りたたみ、ラップで包んでカットする

パワーが ほしいときに

材料
海苔 …1枚
ごはん …茶碗1杯分
卵 …1個
砂糖 …ひとつまみ
レタス …2枚
梅にんにく …6～7粒

作り方

1. 卵を割りほぐして砂糖を混ぜ、過熱してスクランブルエッグを作る
2. 海苔に切れ目を入れ、ラップの上に敷く
3. 左2面にレタス、左上に **1** と梅にんにく、右2面にごはんを配置して折りたたみ、ラップで包んでカットする

目玉焼き ベーコン

材料
海苔 …1枚
ごはん …茶碗1杯分
厚切りベーコン …2切れ
卵 …1個
サニーレタス …2枚
マヨネーズ …適量

作り方

1. 厚切りベーコンは過熱して焼き目をつける
2. 卵は過熱して目玉焼きにする
3. 海苔に切れ目を入れ、ラップの上に敷く
4. 左2面にサニーレタス、左上に **1** と **2**、マヨネーズ、右2面にごはんを配置して折りたたみ、ラップで包んでカットする

お弁当の定番詰めました

スピード

材料
海苔…1枚
ごはん…茶碗1杯分
スナップえんどう…3さや
焼き鮭…1切れ
卵焼き…1個

作り方
1 スナップえんどうは茹でて火を通す
2 焼き鮭は骨と皮を取り除いて身をほぐす
3 海苔に切れ目を入れ、ラップの上に敷く
4 左上に1と2と卵焼き、右2面にごはんを配置して折りたたみ、ラップで包んでカットする

懐かしの味 しそ巻き

材料
海苔…1枚
ごはん…茶碗1杯分
卵…1個
砂糖…小さじ1/2
しそ巻き…4個

作り方
1 卵を割りほぐして砂糖を混ぜ、過熱して錦糸卵を作る
2 海苔に切れ目を入れ、ラップの上に敷く
3 左2面に1、左上にしそ巻き、右2面にごはんを配置して折りたたみ、ラップで包んでカットする

くるくる ハムチーズ

スピード

材料

海苔 … 1枚
ごはん … 茶碗1杯分
卵 … 1個
砂糖 … ひとつまみ
ブロッコリー … 3房
ハム … 1枚
スライスチーズ … 1枚
ふ〜塩旨ミックス
（KIYORAキクチ）
… 適量

作り方

1. 卵を割りほぐして砂糖を混ぜ、過熱してスクランブルエッグを作る
2. ブロッコリーをレンジで加熱し、細かくほぐし、ふ〜塩をかける
3. ハムとスライスチーズを重ねてくるくる巻く
4. 海苔に切れ目を入れ、ラップの上に敷く
5. 左上に**2**と**3**と**1**、右2面にごはんを配置して折りたたみ、ラップで包んでカットする

ラーメン トッピング

材料

海苔 … 1枚
ごはん … 茶碗1杯分
白ごま … 適量
シャキッと！コーン バタコ
（はごろもフーズ）… 半分
メンマ … 15g
サニーレタス … 2枚

作り方

1. シャキッと！コーン バタコを袋の表示通りに温める
2. メンマは食べやすい大きさにカットする
3. 海苔に切れ目を入れ、ラップの上に敷く
4. 左2面にサニーレタス、左上に**1**と**2**、右2面に白ごまを混ぜたごはんを配置して折りたたみ、ラップで包んでカットする

青じそペースト ソーセージ

材料
海苔…1枚
ごはん…茶碗1杯分
ソーセージ…1本
ロメインレタス…2枚
ちょいたし青じそですよ。
（㈱清水家）…大さじ2

作り方
1. ソーセージをボイルして温める
2. 海苔に切れ目を入れ、ラップの上に敷く
3. 左2面にロメインレタス、左上に **1**、右2面にごはんとちょいたし青じそですよ。を配置して折りたたみ、ラップで包んでカットする

納豆 キムチーズ

材料
海苔…1枚
ごはん…茶碗1杯分
納豆…1パック
サニーレタス…2枚
スライスチーズ…1枚
キムチ…20g

作り方
1. 納豆は付属のタレを入れてかき混ぜる
2. 海苔に切れ目を入れ、ラップの上に敷く
3. 左2面にサニーレタス、左上にスライスチーズ、**1**、キムチ、右2面にごはんを配置して折りたたみ、ラップで包んでカットする

花びら茸卵炒め

材料
- 海苔…1枚
- ごはん…茶碗1杯分
- 卵…1個
- コーン…大さじ2
- 花びら茸…40g
- 塩コショウ…少々
- マヨネーズ…適量
- 菜の花のおひたし…20g

作り方
1. 卵にコーンを混ぜて加熱し、スクランブルエッグを作る
2. 花びら茸はひと口大にカットして炒め、しんなりしたら1を追加し、塩コショウとマヨネーズで味を整える
3. 海苔に切れ目を入れ、ラップの上に敷く
4. 左2面に菜の花のおひたし、左上に2、右2面にごはんを配置して折りたたみ、ラップで包んでカットする

季節

春いっぱい

材料
- 海苔…1枚
- ごはん…茶碗1杯分
- 卵…1/2個
- 砂糖…少々
- はちみつ梅…2個
- 菜の花のおひたし…40g

作り方
1. 卵を割りほぐして砂糖を混ぜ、過熱して錦糸卵を作る
2. はちみつ梅は種を取り除いて果肉をほぐす
3. 海苔に切れ目を入れ、ラップの上に敷く
4. 左上に半量の1、菜の花のおひたしの上に残りの1、右2面にごはんと2を配置して折りたたみ、ラップで包んでカットする

筍 × 鶏そぼろ

材料
- 海苔…1枚
- ごはん…茶碗1杯分
- 白ごま…適量
- 卵…1/2個
- 砂糖…少々
- 絹さや…4個

鶏そぼろ
（出来上がりを70g使用）
- 鶏ひき肉…200g
- 筍(水煮)…100g
- 出汁…大さじ1
- 味噌…大さじ1
- 砂糖…小さじ2
- 片栗粉…適量

作り方
1. 卵は割りほぐして砂糖を混ぜ、加熱して錦糸卵を作る
2. 絹さやは茹でて火を通す
3. 鶏ひき肉と筍を出汁、味噌、砂糖で炒め、片栗粉でとろみをつける
3. 海苔に切れ目を入れ、ラップの上に敷く
4. 左上に2、3、1を重ね、右の2面に白ごまを混ぜたごはんを配置して折りたたみ、ラップで包んでカットする

キラキラ星

季節

材料

海苔 … 1枚
ごはん … 茶碗1杯分
豚ロース肉（薄切り）
　　　… 3枚
片栗粉 … 適量
オクラ … 3本
焼肉のタレ … 大さじ1.5
卵 … 1/2個
砂糖 … 少々
サンチュ … 2枚

作り方

1. 豚肉に軽く片栗粉をまぶしてオクラを巻き、薄く油をひいたフライパンで加熱する。しっかり全面に火を通し、焼肉のタレを絡ませる
2. 卵を割りほぐして砂糖を混ぜ、過熱して錦糸卵を作る
3. 海苔に切れ目を入れ、ラップの上に敷く
4. 左2面にサンチュ、左上に1と2、右2面にごはんを配置して折りたたみ、ラップで包んでカットする

土用の丑の日

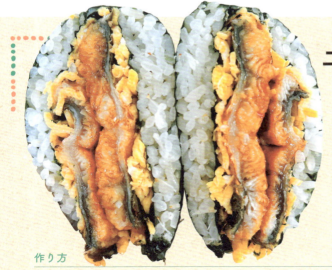

材料

海苔 … 1枚
ごはん … 茶碗1杯分
卵 … 1個
砂糖 … 小さじ1/2
うなぎの蒲焼き … 1枚
蒲焼きのタレ
　　… 大さじ2/3

作り方

1. 卵を割りほぐして砂糖を混ぜ、過熱して錦糸卵を作る
2. 海苔に切れ目を入れ、ラップの上に敷く
3. 左2面に1、左上にうなぎの蒲焼き、右2面にごはんを配置して蒲焼きのタレをかけて折りたたみ、ラップで包んでカットする

和でもハロウィン

材料

海苔 … 1枚
ごはん … 茶碗1杯分
ベビーリーフ … 15g
カボチャ卵サラダ
（出来上がりを適量使用）
　茹で卵 … 2個

茹でエビ … 3尾
マヨネーズ
　… 大さじ3
塩コショウ … 適量
カボチャ
　… 300g(1/4カット)

季節

作り方

1. 茹で卵と茹でエビを細かく刻み、マヨネーズと塩コショウとよく混ぜる
2. カボチャをレンジで加熱してやわらかくし、フォークなどで潰して1に混ぜる
3. 海苔に切れ目を入れ、ラップの上に敷く
4. 左下に半量のベビーリーフ、左上に残りのベビーリーフと2、右2面にごはんを配置して折りたたみ、ラップで包んでカットする

縁起良し！新年も華やかに

材料

海苔 … 1枚
ごはん … 茶碗0.8杯分
はちみつ梅 … 2個

キュウリ … 1/3本
カニカマ … 6本

だし巻き卵
　卵 … 3個
　出汁 … 小さじ2
　水 … 大さじ2

作り方

1. はちみつ梅は種を取り除いて果肉をほぐす
2. キュウリは細切りにする
3. 卵を割りほぐして出汁と水を混ぜ、過熱してだし巻き卵を作る。出来上がったらカニカマと同サイズにカットしていく
4. 海苔に切れ目を入れ、ラップの上に敷く
5. 左上に2の半量をのせ、その上に3とカニカマを交互に並べて、上に残りの2をのせる。右2面にごはんと1を配置して折りたたみ、ラップで包んでカットする

おせちの定番

材料

海苔 … 1枚
ごはん … 茶碗1杯分
はちみつ梅 … 1個

減塩ゆかり®
（三島食品）… 適量
伊達巻き … 2切れ

作り方

1. はちみつ梅は種を取り除いて果肉をほぐす
2. ごはんに減塩ゆかりを混ぜる
3. 海苔に切れ目を入れ、ラップの上に敷く
4. 左上に伊達巻きと1、右2面に2を配置して折りたたみ、ラップで包んでカットする

恵方四角キンパ

季節

材料
海苔…1枚
ごはん…茶碗1杯分
キュウリ…1/8本
卵…2個
砂糖…小さじ1
かんぴょう……20g
にんじんナムル…10g
桜でんぶ…大さじ1

作り方
1. キュウリは細長くカットする
2. 卵を割りほぐして砂糖を混ぜ、過熱して卵焼きにする（※カットせず長いまま使用）
3. 海苔に切れ目を入れ、ラップの上に敷く
4. 左上にかんぴょう、にんじんナムル、1と2、桜でんぶ、右2面にごはんを配置して折りたたみ、ラップで包んでカットする

バレンタイン四角キンパ

材料
海苔…1枚
ごはん…茶碗1.5杯分
卵…3個
砂糖…小さじ2
桜でんぶ…適量
サブキャラフル/ハート型
（株式会社バンダイ）…適量

作り方
1. 卵を割りほぐして砂糖を混ぜ、過熱して卵焼きを作る。冷めないうちに巻きすと箸を使ってハート形にする
2. ごはんに桜でんぶを混ぜる
3. 海苔に切れ目を入れ、ラップの上に敷く
4. 4面すべてに2、左上に1、左上以外の3面にサブキャラフルを配置して折りたたみ、ラップで包んでカットする

全部パエリア

材料
海苔 … 1枚
パエリア … 250〜300g

作り方

1. 海苔に切れ目を入れ、ラップの上に敷く
2. 左下以外の3面にパエリアを配置して折りたたみ、ラップで包んでカットする

味ごはん

残ったカレーアレンジ

材料
海苔 … 1枚
ごはん … 茶碗1.3杯分
カレー … お玉1杯分
卵 … 1個
スライスチーズ … 1枚
レタス … 2枚

作り方

1. ごはんとカレーを一緒によく炒め、カリッと焼き目をつける
2. 卵は過熱して目玉焼きにする
3. 海苔に切れ目を入れ、ラップの上に敷く
4. 左上にスライスチーズ、2、右2面にレタスを敷いて1を配置して折りたたみ、ラップで包んでカットする

味ごはん

ピラフ × チーズ × たくあん

材料

海苔 …1枚	クリームチーズ
高菜ピラフ	…45g
（TOPVALU）…150g	ボロニアハム
たくあん …2〜3枚	…4枚

作り方

1. たくあんはみじん切りにし、クリームチーズと混ぜる
2. 海苔に切れ目を入れ、ラップの上に敷く
3. 左2面にボロニアハム（2枚ずつ）をのせ、左上に1、右2面に高菜ピラフを配置して折りたたみ、ラップで包んでカットする

ルーローハンチャーハン

材料

海苔 …1枚	卵 …1個
ごはん …茶碗1杯分	グリーンリーフ
魯肉飯料	…4枚
（KALDI）…1缶	

作り方

1. ごはんと魯肉飯料、卵を炒めてチャーハンにする
2. 海苔に切れ目を入れ、ラップの上に敷く
3. 左2面にグリーンリーフ、右2面に1を配置して折りたたみ、ラップで包んでカットする

おこわ祭り

材料

海苔 …1枚	梅おこわ …40g
筍おこわ …40g	山菜おこわ …40g
赤飯 …40g	

作り方

1. 海苔に切れ目を入れ、ラップの上に敷く
2. 左上に筍おこわ、左下に赤飯、右上に梅おこわ、右下に山菜おこわを配置して折りたたみ、ラップで包んでカットする

どでかい きくらげを いただく

ヘルシー

材料
- 海苔 … 1枚
- ごはん … 茶碗1杯分
- きくらげ … 1株
- 玉ねぎ … 1/4個
- 卵 … 1個
- 鶏がらスープの素 … 適量
- サニーレタス … 2枚

作り方

1. きくらげは石づきを取り除いてひと口大に切る、玉ねぎは薄切りにする
2. 卵を割りほぐし、1と鶏がらスープの素と炒める
3. 海苔に切れ目を入れ、ラップの上に敷く
4. 左2面にサニーレタス、右2面にごはん、左上に2を配置して折りたたみ、ラップで包んでカットする

副菜が主役

材料
- 海苔 … 1枚
- ごはん … 茶碗1杯分
- ベーコン … 1/2枚
- ししとう … 8本
- かつお節 … 使い切りサイズ 1パック
- 醤油 … 適量
- 三島のかつお(三島食品) … 適量

作り方

1. ベーコンは短冊切りにし、ししとうとかつお節、醤油と炒める
2. ごはんに三島のかつおを混ぜる
3. 海苔に切れ目を入れ、ラップの上に敷く
4. 左上に1、右2面にごはんを配置して折りたたみ、ラップで包んでカットする

バランス◎

材料
- 海苔 … 1枚
- ごはん … 茶碗1杯分
- ミニトマト … 2〜3個
- グリーンリーフ … 1枚

鶏バーグ（チーズ入り）
（出来上がりの1個使用）
- 鶏ひき肉 … 150g
- はんぺん … 1枚
- 塩 … 少々
- すりおろし生姜 … 少々
- 片栗粉 … 小さじ1
- 固形チーズ … 2個

さっぱりした味わいランチやお弁当にぴったり

フレッシュミニトマト

ふんわりジューシー鶏バーグ

作り方

1. 鶏ひき肉とはんぺん、塩、生姜、片栗粉をボウルに入れてよく混ぜる
2. 固形チーズをちぎって入れ、丸く成形して油をひいたフライパンで焼く
3. ミニトマトは半分にカットする
4. 海苔に切れ目を入れ、ラップの上に敷く
5. 左2面にグリーンリーフと、左上に2とミニトマト、右2面にごはんを配置して折りたたみ、ラップで包んでカットする

コンビニでサバ竜田あんかけ

ヘルシー

材料
海苔 … 1枚
オートミール
　（ロールドオーツ）… 40g
水 … 50ml
サニーレタス … 2枚
さば竜田の甘酢あんかけ
　（ファミリーマート）
にんじんラペ … 15g

作り方
1. オートミールに水を加え、途中混ぜながらレンジで2分加熱する
2. 海苔に切れ目を入れ、ラップの上に敷く
3. 左2面にサニーレタスを敷き、左上にさば竜田の甘酢あんかけ、にんじんラペ、右2面に1を配置して折りたたみ、ラップで包んでカットする

ひじき×油揚げ×レタス

材料
海苔 … 1枚
ごはん … 茶碗0.8杯分
油揚げ … 1/2枚
ひじき煮 … 20g
レタス … 1枚

作り方
1. 油揚げを半分に切って開き、両面をフライパンで焼く
2. 油揚げの中にひじき煮を入れてサンドする
3. 海苔に切れ目を入れ、ラップの上に敷く
4. 左下にレタス、左上に2、右2面にごはんを配置して折りたたみ、ラップで包んでカットする

いんげんツナサラダ

ヘルシー

材料

海苔 … 1枚
ごはん … 茶碗1杯分
卵 … 1/2個
砂糖 … 少々
レタス … 1枚

いんげんツナサラダ
いんげん … 10～15本
玉ねぎ … 1/4個
塩 … 適量
ツナ … 1/2缶
マヨネーズ … 大さじ1.5
すりごま … 大さじ1
めんつゆ … 小さじ1

作り方

1. 卵を割りほぐして砂糖を混ぜ、過熱して錦糸卵を作る
2. いんげんを茹で、玉ねぎは薄切りにして塩をふり、10分おいてから水気を絞る
3. ツナにマヨネーズ、すりごま、めんつゆを混ぜ合わせ、2を加えて和える
4. 海苔に切れ目を入れ、ラップの上に敷く
5. 左下にレタス、左上に1と3右2面にごはん、を配置して折りたたみ、ラップで包んでカットする

粘りがち

材料

海苔 … 1枚
発酵玄米 … 茶碗1杯分
オクラ … 1.5本
黒豆納豆 … 1パック

作り方

1. オクラは板ずりして輪切りにし、黒豆納豆にタレを入れてよく混ぜる
2. 海苔に切れ目を入れ、ラップの上に敷く
3. 左上に1、右2面にごはんを配置して折りたたみ、ラップで包んでカットする

えのきが主役

ヘルシー

材料
海苔 … 1枚
ごはん … 茶碗1杯分
えのき … 1/3株
ベーコン … 2枚
バター … ひとかけ
醤油 … 小さじ
ベビーリーフ … 15〜20g

作り方

1. えのきは石づきを取り除き、2つに割ってベーコンで巻く
2. 1をバターと醤油で炒める
3. 海苔に切れ目を入れ、ラップの上に敷く
4. 左2面にベビーリーフ、左上に2、右2面にごはんを配置して折りたたみ、ラップで包んでカットする

サラダチキンバーエッグ

材料
海苔 … 1枚
オートミール
（ロールドオーツ）
… 40g
水 … 50㎖
卵 … 1個
マヨネーズ … 適量
サラダチキンバー … 1本
いんげん … 5本
生ハム … 2枚

作り方

1. オートミールに水を加え、途中混ぜながらレンジで2分加熱する
2. 卵は過熱して目玉焼きにし、マヨネーズをかける
3. サラダチキンバーは包みやすい大きさにカットする
4. いんげんは茹でて火を通す
5. 海苔に切れ目を入れ、ラップの上に敷く
6. 左下に3、左上に2と生ハム、右2面に1と4を配置して折りたたみ、ラップで包んでカットする

にんじんの四角キンパ

ヘルシー

材料
海苔 … 1枚
ごはん … 茶碗1杯分
にんじんの葉 … 1/2本分
バター … ひとかけ
出汁の素 … 適量
醤油 … 小さじ1/2
にんじん … 1/3本
コンビーフ … 20g

作り方
1. よく洗ったにんじんの葉を刻み、バター、出汁の素、醤油と火が通るまで炒める
2. 千切りにしたにんじんとコンビーフを炒める
3. 海苔に切れ目を入れ、ラップの上に敷く
4. 左上に1と2を並べてのせ、右2面にごはんを配置して折りたたみ、ラップで包んでカットする

冷蔵庫にあるもので

材料
海苔 … 1枚
発酵玄米 … 茶碗1杯分
油揚げ … 0.7枚
醤油 … 適量
ちょいたし青じそですよ。
（㈱清水家）… 大さじ1

作り方
1. 油揚げは短冊切りにし、フライパンで軽く焦げ目がつくように炒って最後に醤油を回し入れる
2. 海苔に切れ目を入れ、ラップの上に敷く
3. 左上に1、右2面にごはん、右上にちょいたし青じそですよ。を配置して折りたたみ、ラップで包んでカットする

にんじんしりしり × たくあん

ヘルシー

材料
海苔 … 1枚
ごはん … 茶碗1杯分
レタス … 1枚
たくあん … 2枚
にんじんしりしり
　にんじん … 1/2本
　ツナ … 1/2缶
　出汁の素 … 適量
　卵 … 1個
　塩コショウ … 少々

作り方
1. にんじんを千切りにする。ツナ缶の油をフライパンに入れ、にんじんがしんなりするまで炒める
2. 1にツナ缶を混ぜ合わせ、出汁の素を入れる。なじんだら溶いた卵を入れ、塩コショウで味を整える
3. 海苔に切れ目を入れ、ラップの上に敷く
4. 左下にレタス、左上に2、その上にたくあん 右2面にごはんを配置して折りたたみ、ラップで包んでカットする

夏の味

材料
海苔 … 1枚
ごはん … 茶碗1杯分
オクラ … 3本
みょうが … 2個
めんつゆ … 大さじ1
天かす … 大さじ1〜2

作り方
1. 板ずりしたオクラとみょうがは輪切りにし、オクラにめんつゆをかける
2. 海苔に切れ目を入れ、ラップの上に敷く
3. 左上に1と天かす、右2面にごはんを配置して折りたたみ、ラップで包んでカットする

ツナトッピング

ヘルシー

材料

海苔 … 1枚
オートミール
　（ロールドオーツ）… 40g
水 … 50ml
卵 … 1/2個
砂糖 … 適量
サニーレタス … 1枚
ツナトッピングにんにく醤
　油味（いなば）… 1袋

作り方

1. オートミールに水を加え、途中混ぜながらレンジで2分加熱する
2. 卵を割りほぐし、砂糖を混ぜて加熱してスクランブルエッグにする
3. 海苔に切れ目を入れ、ラップの上に敷く
4. 左上にサニーレタス、ツナトッピング、左下にサニーレタスと2、右2面に1を配置して折りたたみ、ラップで包んでカットする

ナス包みました！

材料

海苔 … 1枚
発酵玄米 … 茶碗1杯分
ナス … 1/3本
大葉みそ … 適量
大葉 … 1枚

作り方

1. ナスは輪切りにし、大葉みそを塗ってフライパンで加熱する
2. 海苔に切れ目を入れ、ラップの上に敷く
3. 左2面に1、左上に大葉、右2面にごはんを配置して折りたたみ、ラップで包んでカットする

肉巻き四角キンパ

変わり種

材料
ごはん …茶碗1杯分
豚バラ肉 …5枚
カルボプルダック
　ソース …お好みで
赤パプリカ …1/4個
黄パプリカ …1/4個

作り方

1. 豚バラ肉を加熱して火を通し、カルボプルダックソースをかけて絡ませる
2. 赤・黄パプリカをくし切りにする
3. ラップの上に1を縦方向に敷き、切れ目を入れる
4. 左上に黄パプリカ、左下に赤パプリカ、右2面にごはんを配置して折りたたみ、ラップで包んでカットする

片手サラダ 塩レモンチキン

材料
赤パプリカ …1/4個
黄パプリカ …1/4個
サニーレタス …5〜7枚
塩レモンチキン …150g

作り方

1. 赤・黄パプリカをくし切りにする
2. ラップの上にサニーレタスを敷き、切れ目を入れる
3. 左上・右下にチキン、左上のチキンの上に赤パプリカ、右上に黄パプリカを配置して折りたたみ、ラップで包んでカットする

クレープ片手サラダ

作り方

1. ブロッコリーをレンジで加熱し、塩をふる
2. クレープ生地材料をよく混ぜ合わせ、ダマになったら濾す（牛乳は3回にわけて入れる）
3. 四角形のフライパンを使用し、生地を薄めにひいて弱火で焼く
4. 両面が焼けたら生地に切れ目を入れ、ラップの上に敷く
5. 左上に茹でエビ、左下に1、右2面に卵サラダを配置して折りたたみ、ラップで包んでカットする

材料

ブロッコリー …40g
塩 …少々
茹でエビ …3尾
卵サラダ …50g

クレープ生地材料 6〜8枚分
（出来上がりのうち1枚を使用）

卵 …2個
コーンスターチ（片栗粉でも可） …大さじ2
砂糖 …大さじ2　薄力粉 …50g
米粉 …50g　無塩バター …10g
牛乳 …1.5カップ
※薄力粉50g・米粉50gは薄力粉100gでも可

変わり種

ついにパスタもはさみました

作り方

1. ラップの上にグリーンリーフを敷き、切れ目を入れる
2. 左下以外の3面にナポリタンを配置して折りたたみ、ラップで包んでカットする

材料

グリーンリーフ …5〜6枚
ナポリタン …70g

卵巻き

作り方

1. マヨネーズとケチャップを混ぜてオーロラソースを作る
2. 卵を割りほぐして過熱し、四角形のフライパンで焼いて薄焼き卵にする
3. ハムは細切り、アボカドは乱切りにする
4. ラップの上に2を敷き、切れ目を入れる
5. 左2面にロメインレタス、左上に3、かいわれ大根、ハラペーニョソース、1右2面にごはん、を配置して折りたたみ、ラップで包んでカットする

材料

ごはん …茶碗1杯分
卵 …2個
ハム …2枚
アボカド …1/2個
ロメインレタス …1枚
かいわれ大根 …適量
ハラペーニョソース …適量

オーロラソース
マヨネーズ …大さじ1/2
ケチャップ …大さじ1/2

折りたたんで作るミルクレープ

材料

- ホイップクリーム（泡立て済み）…200ml
- クレープ生地材料 6～8枚分
  （出来上がりのうち3枚を使用）
  - 卵…2個
- コーンスターチ（片栗粉でも可）…大さじ2
- 砂糖…大さじ2
- 薄力粉…50g
- 米粉…50g
- 無塩バター…10g
- 牛乳…1.5カップ
- ※薄力粉50g・米粉50gは薄力粉100gでも可

作り方

1. クレープ生地材料をよく混ぜ合わせ、ダマになったら濾す（牛乳は3回にわけて入れる）
2. 四角形のフライパンを使用し、生地を薄めにひいて弱火で焼く
3. 両面が焼けたら生地に切れ目を入れる
4. 1枚ずつ全面にホイップクリームを塗って、それぞれ折りたたむ
5. 折りたたんだら2を重ねたとき、生地同士が接地する面に生クリームを塗る
6. 3段重ねたら斜めにカットして完成

クリスマスクレープ

材料

- イチゴ…8個
- ホイップクリーム（泡立て済み）…100ml
- クレープ生地材料 6～8枚分
  （出来上がりのうち1枚を使用）
  - 卵…2個
  - コーンスターチ（片栗粉でも可）…大さじ2
  - 砂糖…大さじ2
- 薄力粉…50g
- 米粉…50g
- 無塩バター…10g
- 牛乳…1.5カップ
- ※薄力粉50g・米粉50gは薄力粉100gでも可

作り方

1. イチゴをスライスする
2. クレープ生地材料をよく混ぜ合わせ、ダマになったら濾す（牛乳は3回にわけて入れる）
3. 四角形のフライパンを使用し、生地を薄めにひいて弱火で焼く
4. 両面が焼けたら生地に切れ目を入れ、ラップの上に敷く
5. 左上・右下にイチゴ、左下・右上にクリームを配置して折りたたみ、ラップで包んでカットする

王道チョコバナナ

材料

- バナナ…3/4本
- チョコレート…30g
- ホイップクリーム（泡立て済み）…100ml
- クレープ生地材料 6～8枚分
  （出来上がりのうち1枚を使用）
  - 卵…2個
  - コーンスターチ（片栗粉でも可）…大さじ2
  - 砂糖…大さじ2
- 薄力粉…50g
- 米粉…50g
- 無塩バター…10g
- 牛乳…1.5カップ
- ※薄力粉50g・米粉50gは薄力粉100gでも可

作り方

1. バナナを輪切りにし、チョコレートをゆせんで溶かす
2. クレープ生地材料をよく混ぜ合わせ、ダマになったら濾す（牛乳は3回にわけて入れる）
3. 四角形のフライパンを使用し、生地を薄めにひいて弱火で焼く
4. 両面が焼けたら生地に切れ目を入れ、ラップの上に敷く
5. 上2面にバナナを並べてから、左2面にはチョコレート、右2面にはクリームを配置する
6. 折りたたみ、ラップに包んでカットする

片手で食べるショートケーキ

材料

- イチゴ 5〜6個
- ホイップクリーム(泡立て済み) …100ml
- 切り落としロールケーキor 切り落としカステラ …4個
- クレープ生地材料 6〜8枚分
  (出来上がりのうち1枚を使用)
  - 卵 …2個
  - コーンスターチ(片栗粉でも可) …大さじ2
  - 砂糖 …大さじ2
  - 薄力粉 …50g
  - 米粉 …50g
  - 無塩バター …10g
  - 牛乳 …1.5カップ
  - ※薄力粉50g・米粉50gは薄力粉100gでも可

作り方

1. イチゴをスライスする
2. クレープ生地材料をよく混ぜ合わせ、ダマになったら濾す(牛乳は3回にわけて入れる)
3. 四角形のフライパンを使用し、生地を薄めにひいて弱火で焼く
4. 両面が焼けたら、生地を縦半分に切り、ラップの上に敷く
5. 4面にカステラとクリーム、上2面にイチゴを配置して折りたたみ、一つずつラップに包んでカットする
6. クリームやイチゴで、お好みで飾り付ける

黄金クレープ

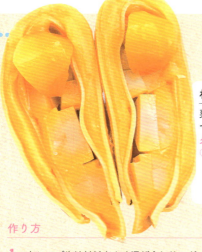

材料

- 栗の甘露煮 …4〜5個
- マロンペースト …50g
- クレープ生地材料 6〜8枚分
  (出来上がりのうち1枚を使用)
  - 卵 …2個
  - コーンスターチ(片栗粉でも可) …大さじ2
  - 砂糖 …大さじ2
  - 薄力粉 …50g
  - 米粉 …50g
  - 無塩バター …10g
  - 牛乳 …1.5カップ
  - ※薄力粉50g・米粉50gは薄力粉100gでも可

作り方

1. クレープ生地材料をよく混ぜ合わせ、ダマになったら濾す(牛乳は3回にわけて入れる)
2. 四角形のフライパンを使用し、生地を薄めにひいて弱火で焼く
3. 両面が焼けたら生地に切れ目を入れ、ラップの上に敷く
4. 左上に栗の甘露煮、それ以外の3面にマロンペーストを配置して折りたたみ、ラップに包んでカットする

さくいん

野菜・果物

●赤パプリカ
- ブロッコリー … 17
- スパムパプリカ … 35
- 焼豚がっつり … 43
- カニカマたまご … 52
- ガーリックシュリンプ … 62
- 豚パプリカ巻き … 67
- 我が家の定番 … 70
- ズッキーニ肉サンド … 72
- 片手でガパオライス … 75
- しっとりチャーシュー … 90
- 肉巻き四角キンパ … 116
- 片手サラダ塩レモンチキン … 116

●アボカド
- スパイシーポキ … 65
- 卵巻き … 117

●イチゴ
- クリスマスクレープ … 118
- 片手で食べるショートケーキ … 119

●いんげん
- ぶりの照り焼き … 51
- サバの西京焼き … 64
- 台湾の定番ルーローハン … 71
- いんげんツナサラダ … 111
- サラダチキンバーニャエッグ … 112

●えごまの葉
- 豚キムチ … 25
- カルビサンチュ … 32
- しらすてんこ盛り … 52

●大葉
- しそぎゅー … 39
- さっぱり鶏バーグ … 40
- 白身魚フライ×梅×大葉 … 50
- 貝のつぼ焼 … 55
- 白身魚フライ×大葉 … 63
- スパイシーポキ … 65
- 我が家の定番 … 70
- ナス包みました! … 115

●オクラ
- ハートの日 … 68
- キラキラ星 … 103
- 粘りがち … 111
- 夏の味 … 114

●オレンジパプリカ
- 焼豚がっつり … 43

●かいわれ大根
- さんまのゆず胡椒煮 … 65
- 卵巻き … 117

●カボチャ
- 和でもハロウィン … 104

●絹さや
- 崎陽軒のシウマイ … 37
- 筍×鶏そぼろ … 83
- 磯辺揚げ … 102

●黄パプリカ
- ブルコギ … 17
- スパムパプリカ … 35
- ガーリックシュリンプ … 62
- 豚パプリカ巻き … 68
- ナスとパプリカの豚肉炒め … 68
- 夫には多分ばれない … 92
- ハートの日 … 116
- 片手サラダ塩レモンチキン … 116

●（干切り）キャベツ
- タッカルビ … 17

●キュウリ
- ナイスサムギョプサル … 29
- 恵方四角キンパ … 88
- 定番の安心おかず … 89

●グリーンリーフ
- ヤンニョムソカルビ … 23
- 青じそつくね … 31
- 間違いなく美味しい … 45
- デカ唐揚げ … 47
- 台湾の定番ルーローハン … 71
- クリームチーズ最強説 … 91
- 緑起良し!新年も華やかに … 104
- ルーローハンチャーハン … 107
- ついにパスタもはさみました … 109
- バランス◎ … 117

●グリーンレタス
- 素敵ステーキ … 34
- 焼豚がっつり … 43
- サバ缶カレー … 53
- マグロの甘露煮 … 57
- 塩麹八宝菜 … 82

●コーン
- 素敵ステーキ … 34
- レッドチリペッパーチキン … 53
- サバ缶カレー … 55
- サバ味噌バターコーン … 67
- コーン×鮭ごはん×クリームチーズ … 77
- ほくほく♪ジャーマンポテト … 84
- 定番弁当 … 95
- 花びら茸卵炒め … 102

●小松菜
- 韓国風四角キンパ … 19
- 渦巻き豚ロース … 39
- いわしの甘露煮 … 60
- 4種重ね … 75
- こまつな … 97

●サニーレタス
- サンジョッコッチ … 16
- チュモクパプ風 … 17
- ブルコギ … 20
- ささみ玉ねぎソース風 … 24
- ヤンニョム甘酒味噌マヨチキン … 25
- サムギョプサル×クリームチーズ×バジルソース … 33
- 甘酒味噌マヨチキン … 36
- 激辛麻婆豆腐 … 36

●サンチュ
- カルビサンチュ … 32
- 激辛麻婆豆腐 … 55
- サバ味噌バターコーン … 55
- ガーリックシュリンプ … 62
- さんまのゆず胡椒煮 … 65
- 片手でガパオライス … 75
- ほくほく♪ジャーマンポテト … 84
- 夫には多分ばれない … 92
- 目玉焼き♪ベーコン … 98
- ラーメントッピング … 100
- 納豆キムチ … 101
- どでかいきくらげをいただく … 108
- コンビニでサバ竜田あんかけ … 110
- ツナトッピング … 115
- 片手サラダ塩レモンチキン … 116

●山東菜
- 煮豚と卵 … 46
- 棒餃子×にんじん … 48
- カニカマたまご … 52
- 山東菜とひき肉 … 73
- キラキラ星 … 103

さくいん

- ● ししとう
  - 副菜が主役 … 108
- ● じゃがいも
  - 茶色美味！ … 35
  - ほくほくジャーマンポテト … 84
- ●（すりおろし）生姜
  - オサムギョプサル … 32
  - 生姜焼き×ひき肉 … 47
  - 山東菜とひき肉 … 73
  - 生姜焼き×豆苗炒め … 109
  - バランス◎ … 72
- ● ズッキーニ
  - ズッキーニ肉サンド … 74
- ● スナップえんどう
  - 春の四角キンパ … 99
- ● 大根菜
  - 海鮮チゲクッパチャーハン … 21
- ● 大根のつま
  - コチュジャンホタルイカ … 26
- ● 筍（水煮）
  - チンジャオロース … 84
  - 筍×鶏そぼろ … 102
- ● 玉ねぎ
  - 豆腐スパムジョン … 15
  - ヤンニョムソカルビ … 23
  - ハラペーニョプルコギ … 30
  - 春の四角キンパ … 32
  - きくらげ卵炒め … 84
  - オサムギョプサル … 108
  - ほくほくジャーマンポテト … 111
- ● 豆苗
  - 生姜焼き×豆苗炒め … 47
- ● ナス
  - ナイスサムギョプサル … 29
  - しそぎゅー … 39
  - ナスとパプリカの豚肉炒め … 68
  - 我が家の定番 … 70
  - ナス包みました！ … 115
  - あさりガーリック … 59
  - チンジャオロース … 63
- ● 菜の花
  - さんまの蒲焼き×菜の花 … 77
  - ほっけの塩焼き … 16
  - 4色 … 94
- ● ニラ
  - サンジョッコッチ … 15
  - 夏バテにはニラ玉 … 16
- ● にんじん
  - 豆腐スパムジョン … 17
  - サンジョッコッチ … 19
  - タッカルビ … 30
  - 韓国風四角キンパ … 32
  - 棒餃子×にんじん … 38
  - 主役はジェノベーゼソース … 39
  - 元気になれる四角キンパ … 44
  - サバの西京焼き … 46
  - 春の四角キンパ … 64
  - きくらげ卵炒め … 66
- ● にんじんの葉
  - にんじんしりしり×たくあん … 85
  - にんじんの四角キンパ … 74
  - にんじん×チーズ×ハム×ツナ … 92
  - にんじんの四角キンパ … 113
  - 主役はジェノベーゼソース … 114
  - にんじんの四角キンパ … 44
  - にんじんの四角キンパ … 113
- ●（すりおろし）にんにく
  - オサムギョプサル … 32
- ● 白菜
  - カルビサンチュ … 32
  - 茶色美味！ … 35
  - 主役はジェノベーゼソース … 44
  - あさりガーリック … 53
  - 一瓶で味キマる … 40
- ● パクチー
  - パクチー×豚肉薄切り炒め … 48
- ● バジル
  - ささみバジル巻き … 43
- ● バナナ
  - 王道チョコバナナ … 118
- ● パプリカ
  - チンジャオロース … 84
- ● ピーマン
  - 我が家の定番 … 29
  - ナイスサムギョプサル … 70
  - ピーマン肉そぼろ … 74
  - チンジャオロース … 84
  - きくらげ卵炒め … 85
- ● フリルレタス
  - bibigo王マンドゥ … 18
  - ちくわチーズ … 96
- ● フルーツトマト
  - パクチー×豚肉薄切り炒め … 48
  - 我が家の定番 … 38
- ● ブロッコリー
  - 豪華ファミレス風 … 42
  - レッドチリペッパーチキン … 56
  - エビマヨ … 58
  - 海のミルク … 69
  - チーズ入りバーガー四角キンパ … 80
  - 定番弁当 オムレツ×ブロッコリー×ハム×にんじん … 95
- ● ブロッコリースプラウト
  - くるくるハムチーズ … 100
  - クレープ片手サラダ … 117
  - カニカマ天 … 79
  - 芋天 … 89
- ● ベビーリーフ
  - オムレツ×明太子 … 91
  - かき揚げ … 96
  - タッカルビ … 17
  - スノーチキン×キムチ … 21
  - スパムうずら卵×キムチごはん … 22
  - ささみバジル巻き … 43
  - エビたま … 51
  - 抜群に美味しくなる … 61
  - たまエビサラダ … 81
  - 和でもガパオ … 104
  - えのきが主役 … 112
  - 和でもハロウィン … 18
- ● ほうれん草
  - 子持ちししゃも … 57
- ● ミニトマト
  - 白身魚フライ×大葉 … 63
  - チーズ入りバーガー … 69
  - 片手でガパオライス … 75
  - バランス◎ … 109
- ● みょうが
  - 貝のつぼ焼 … 55
  - 夏の味 … 114
- ● 紫キャベツ
  - 豚パプリカ巻き … 67
  - TV番組で紹介 … 72
- ● 紫にんじん
  - … 18

● ラディッシュ
- 卵ツナ …… 95

● レタス
- 卵焼きキムチライス …… 14
- ヤンニョムチキンカツ …… 18
- 豚肉コチュジャン炒め …… 27
- ハラペーニョプルコギ …… 29
- さきいかコチュジャン炒め …… 30
- スパムパプリカ …… 33
- 渦巻き豚ロース …… 35
- 塩麹チキン …… 39
- 角煮 …… 41
- チーズ巻きベーコン …… 41
- シーフードドリア風 …… 49
- スパイシーポキ …… 59
- 元気になれる四角キンパ …… 65
- 豚パプリカ巻き …… 66
- ナスとパプリカの豚肉炒め …… 68
- ミートソース×茹で卵 …… 71
- 日本の家庭の味 …… 76
- カレーポテトサラダ …… 78
- チンジャオロース …… 80
- きくらげ卵炒め …… 84
- クリーミーどとん！ …… 85
- 卵ツナ …… 90
- パワーがほしいときに …… 95
- 残ったカレーアレンジ …… 98
- ひじき×油揚げ×レタス …… 106
- いんげんツナサラダ …… 110
- にんじんしりしり×たくあん …… 111

● ロメインレタス
- 豆腐スパムジョン …… 114 / 15

- 和風サムギョプサル …… 24
- ぐるぐる肉巻き …… 46
- 惣菜万歳 …… 87
- しっとりチャーシュー …… 90
- 青じそペーストソース …… 101
- 卵巻き …… 117

お肉

● 合いびき肉
- 美味しさの押し売り …… 70
- ズッキーニ肉サンド …… 44
- 山東菜とひき肉 …… 73
- ピーマン肉そぼろ …… 72

● 厚切りベーコン
- 美味しさの押し売り …… 74
- ほくほくジャーマンポテト …… 84
- 目玉焼きベーコン …… 98

● ウインナー
- イカゲーム …… 23

● コンビーフ
- 定番弁当 …… 95
- 主役はジェノベーゼソース …… 44
- にんじんの四角キンパ …… 113

● スパム
- 卵焼きキムチライス …… 14
- 豆腐スパムジョン …… 15
- スパムうずら卵×キムチごはん …… 22
- 夏バテにはニラ玉 …… 35

● ソーセージ
- 青じそペーストソーセージ …… 94

● 大豆ミートそぼろ
- 美味しさの押し売り …… 70

● 生ハム
- サラダチキンバーエッグ …… 112

● ハム
- 4色 …… 77
- オムレツ×ブロッコリー×ハム×ツナ …… 80
- にんじん×ブロッコリー×ハム×ツナ …… 92
- くるくるハムチーズ …… 100
- 卵巻き …… 117

● ブロックベーコン
- チーズ巻きベーコン …… 49

● ベーコン
- サンジョッコッチ …… 16
- 春の四角キンパ …… 74
- 副菜が主役 …… 108
- えのきが主役 …… 107

● ボロニアハム
- 元気になれる四角キンパ …… 66
- ピラフ×チーズ×たくあん …… 32

[牛肉]

● 牛肉
- カルビサンチュ …… 30

● 牛カルビ
- ハラペーニョプルコギ …… 19

● 薄切り牛肉
- 韓国風四角キンパ …… 23

● 味つき牛カルビ
- しそぎゅー …… 35

● ステーキ肉
- チンジャオロース …… 39
- 茶色美味！ …… 84
- 素敵ステーキ …… 34

[鶏肉]

● ささみ
- ささみ玉ねぎソース漬け …… 24
- ささみバジル巻き …… 43

● サラダチキンバー
- サラダチキンバーエッグ …… 112

● 塩レモンチキン
- 片手サラダ塩レモンチキン …… 116

● 鶏むね肉
- 甘酒味噌マヨチキン …… 36

● 鶏もも肉
- タッカルビ …… 17
- ヤンニョム甘酒味噌マヨチキン …… 25

● 鶏ひき肉
- 塩麹チキン …… 41
- さっぱり鶏そぼろ …… 40
- 筍×鶏そぼろ …… 102
- バランス◎ …… 109

● 肉そぼろ
- 4色 …… 77

[豚肉]

● サムギョプサル用の豚肉
- 和風サムギョプサル …… 24
- 豚キムチ …… 25

● 豚バラ肉
- ウ・ヨンウ弁護士は天才肌 …… 26
- 豚肉コチュジャン炒め …… 29
- オサムギョプサル …… 32
- サムギョプサル×クリームチーズ×バジルソース …… 33
- 一瓶で味キマる …… 40
- 生姜焼き×豆苗炒め …… 47
- パクチー×豚肉薄切り炒め …… 48
- ナスとパプリカの豚肉炒め …… 68
- 肉巻き四角キンパ …… 116

● 豚ロース肉（薄切り）
- 渦巻き豚ロース …… 39
- ぐるぐる肉巻き …… 46

魚介・魚介加工品

- 豚パプリカ巻き
  - キラキラ星 …… 103
  - （キラキラ星）…… 67
- ● あさりむきみ
  - あさりガーリック …… 53
- ● イカ
  - オサムギョプサル …… 32
- ● いわしの甘露煮
  - いわしの甘露煮 …… 60
- ● うなぎの蒲焼き
  - 土用の丑の日 …… 103
- ● ガーリックシュリンプ
  - ガーリックシュリンプ …… 62
- ● カキ（加熱調理用）
  - 海のミルク …… 58
- ● かつお節
  - デカ唐揚げ …… 47
- ● カニカマ
  - 副菜が主役 …… 108
- ● サンジョッコッチ
  - カニカマたまご …… 16
- ● 韓国海苔
  - いわしの甘露煮 …… 52
- ● 魚肉ソーセージ
  - 一瓶で味キマる …… 74
  - チュモクパプ風 …… 40
  - ハートの日 …… 20
- ● 釜揚げしらす
  - しらすてんこ盛り …… 52
  - 縁起良し！新年も華やかに …… 104
- ● 子持ちししゃも
  - 子持ちししゃも …… 60
  - 子持ちししゃも …… 57
  - ハートの日 …… 68

- ● さきいか
  - さきいかコチュジャン炒め …… 33
- ● 桜でんぶ
  - こまツナ
  - 恵方四角キンパ …… 105
- ● 鮭フレーク
  - イカゲーム …… 23
  - バレンタイン四角キンパ …… 105
  - にんじんツナサラダ
  - コーン×鮭ごはん×クリームチーズ …… 77
- ● サバの西京焼き
  - サバの西京焼き …… 64
- ● サバの水煮
  - サバ缶カレー …… 53
- ● サバの味噌煮
  - サバ味噌バターコーン …… 55
- ● さんまの蒲焼き
  - さんまの蒲焼き×菜の花 …… 59
- ● サバの蒲焼き
  - サバの蒲焼き×菜の花 …… 85
- ● 塩昆布
  - きくらげ卵炒め …… 94
- ● シーフードミックス
  - 食感いいねたくあん×チーズ …… 50
- ● 白身魚のフライ
  - 白身魚フライ×梅×大葉 …… 63
  - 白身魚フライ×大葉 …… 50
- ● たらこ昆布
  - たらこんぶ …… 96
- ● ちくわ
  - ちくわチーズ …… 65
- ● 漬けサーモン
  - スパイシーポキ …… 65
- ● 漬けマグロ
  - スパイシーポキ …… 68
- ● ツナ
  - スパイシーポキ
  - ハートの日 …… 75
  - 4種重ね

- にんじん×チーズ×ハム×ツナ …… 92
- 卵ツナ …… 95
- こまツナ …… 97
- にんじんツナサラダ …… 111
- にんじんしりしり×たくあん …… 112
- ● つぼ焼き風味（ホテイフーズ）
  - 貝のつぼ焼 …… 55
- ● 富山のかまぼこ（巻きかまぼこ）
  - 富山の名産 …… 54
- ● 富山の名産
  - 富山の名産 …… 54
- ● とろろ昆布
  - ぶりの照り焼き …… 40
- ● はんぺん
  - さっぱり鶏バーグ …… 51
  - バランス◎ …… 109
- ● ホタルイカ
  - コチュジャンホタルイカ …… 26
- ● ぶりの照り焼き
  - ぶりの照り焼き …… 63
- ● ほっけの塩焼き
  - ほっけの塩焼き …… 57
- ● マグロの甘露煮
  - マグロの甘露煮 …… 68
- ● 明太子
  - オムレツ×明太子 …… 61
  - ハートの日 …… 96
- ● 焼き鮭
  - 抜群に美味しくなる …… 81
  - お弁当の定番詰めました …… 99
- ● 茹でエビ
  - たまエビサラダ …… 117
  - 和でもハロウィン …… 104
- ● ツナ
  - クレープ片手サラダ
- ● 冷凍シーフードミックス
  - シーフードドリア風 …… 59

卵

- ● うずらの卵
  - スパムうずら卵×キムチごはん …… 22
- ● 燻製卵
  - 丸ごと燻製卵入り …… 88
- ● 卵
  - 卵焼きキムチライス …… 14
  - 豆腐スパムジョン …… 15
  - ミョルチポックム …… 15
  - サンジョッコッチ …… 16
  - 장조림 …… 18
  - 韓国風四角キンパ …… 19
  - 海鮮チゲクッパチャーハン …… 21
  - イカゲーム …… 23
  - ウ・ヨンウ弁護士は天才肌 …… 26
  - たっぷりチャプチェ …… 28
  - 豚肉コチュジャン炒め …… 29
  - ビビンパ …… 30
  - 間違いなく美味しい …… 31
  - 素敵ステーキ …… 31
  - 韓国風卵焼き …… 34
  - スパムパプリカ …… 35
  - 崎陽軒のシウマイ …… 37
  - 豪華ファミレス風 …… 38
  - レッドチリペッパーチキン …… 42

きのこ

- ● えのき
  - えのきが主役 …… 112
- ● きくらげ
  - きくらげ卵炒め …… 85
  - どでかいきくらげをいただく …… 108
- ● 花びら茸
  - 花びら茸卵炒め …… 102

123

土用の丑の日 … 103
キラキラ星 … 103
筍×鶏そぼろ … 103
春いっぱい … 103
くるくるハムチーズ … 102
花びら茸卵炒め … 102
オムレツ×明太子 … 102
こまツナ … 100
パワーがほしいときに … 99
目玉焼きベーコン … 98
懐かしの味しそ巻き … 98
定番弁当 … 97
夏バテにはニラ玉 … 96
しっとりチャーシュー … 95
定番の安心おかず … 94
丸ごと燻製卵入り … 90
きくらげ卵炒め … 89
磯辺揚げ … 88
4色 … 85
4種重ね … 83
春の四角キンパ … 77
ピーマン肉そぼろ … 75
山東菜とひき肉 … 74
TV番組で紹介 … 74
台湾の定番ルーローハン … 73
美味しさの押し売り … 72
チーズ入りバーガー … 70
元気になれる四角キンパ … 69
いわしの甘露煮 … 66
海のミルク … 60
あさりガーリック … 58
カニカマたまご … 53
煮豚と卵 … 52
ささみバジル巻き … 43

チーズ

●クリームチーズ
サムギョプサル×クリームチーズ×バジルソース … 33
抜群に美味しくなる … 61

●卵焼き
和でもハロウィン … 104
卵ツナ … 95
たまエビサラダ … 81
ミートソース×茹で卵 … 76
エビマヨ … 56
ぐるぐる肉巻き … 46

●茹で卵
片手でガパオライス … 75

●目玉焼き
お弁当の定番詰めました。… 99

●卵焼き
黄金クレープ … 119
片手で食べるショートケーキ … 119
王道チョコバナナ … 118
クリスマスクレープ … 118
折りたたんで作るミルクレープ … 118
クレープ片手サラダ … 117
卵巻き … 117
ツナトッピング … 115
にんじんしりしり×たくあん … 114
サラダキンパ×エッグ … 112
サラダチキンサラダ … 111
いんげんツナサラダ … 107
どでかいきくらげをいただく … 106
ルーローハンチャーハン … 111
残ったカレーアレンジ … 105
ピラフ×チーズ×たくあん … 104
バレンタイン四角キンパ … 105
恵方四角キンパ … 105
縁起良い！新年も華やかに … 104

●スライスチーズ
スライススパムジョン … 109
豆腐スパムジョン … 15
タッカルビ … 17
スパムうずら卵×キムチごはん … 22
チーズ好きに捧ぐ … 27
チーズ巻きベーコン … 49
ズッキーニ肉サンド … 72
日本の家庭の味 … 78
たまエビサラダ … 81
卵とナムル … 83
にんじん×チーズ×ハム×ツナ … 92
海苔バター … 93
くるくるハムチーズ … 100
納豆キムチーズ … 101
残ったカレーアレンジ … 106

●固形チーズ◎
バランス … 107

●クリームチーズ
クリームチーズ最強説 … 91
コーン×鮭ごはん×クリームチーズ … 77

●スライスチーズ（チェダー）
オサムギョプサル … 32
シーフードドリア風 … 59

●とろけるチーズ
タッカルビ … 17
こまツナ … 97

●生ハムチーズ
食感いいねたくあん×チーズ … 94

●プロセスチーズ
食感いいねたくあん×チーズ … 94
ちくわチーズ … 96

漬物

●梅干し
デカ唐揚げ … 47
白身魚フライ×梅・大葉 … 50

●キムチ
卵焼きキムチライス … 14
ナムルたっぷり … 22
スパムうずら卵×キムチごはん … 22
和風サムギョプサル … 24
豚キムチ … 25
ウ・ヨンウ弁護士は天才肌 … 26
ビビンバ … 30
オサムギョプサル … 32
納豆キムチーズ … 101

●たくあん
チュモクパブ風 … 20
ナムルたっぷり … 20
ビビンバ … 30
韓国卵 … 31
青じそつくね … 45
4色 … 77
食感いいねたくあん×チーズ … 94
ピラフ×チーズ×たくあん … 107
にんじんしりしり×たくあん … 114

●しば漬け
美 四角キンパ … 97

●京漬け（しそ香々）
美 四角キンパ … 97

●漬物
美 四角キンパ … 90

●はちみつ梅
クリーミーどどん！… 102
春いっぱい … 104
縁起良い！新年も華やかに … 104
おせちの定番 … 104

残ったおかず・常備菜 [さくいん]

あ・か行

- 青じそつくね — 青じそつくね … 45
- 磯辺揚げ — 磯辺揚げ … 83
- いんげんのベーコン巻き — お弁当の中身だけで… … 79
- 薄焼き卵 — カニカマ天 … 79
- 梅おこわ — おこわ祭り … 107
- エビチリ卵炒め — エビたま… … 51
- エビマヨ — エビだよ… … 56
- エリンギナムル — ナムルたっぷり … 22
- おからの炒め煮 — おからの炒め煮 … 86
- オムレツ — オムレツ×ブロッコリー×ハム×にんじん … 80
- 角煮 — 角煮 … 41
- カニカマ天ぷら — カニカマ天 … 79
- ガパオ炒め〈鶏肉〉 — 片手でガパオライス … 75
- 唐揚げ — デカ唐揚げ … 47
- カレー — 定番の安心おかず … 89
- カレー — 残ったカレーアレンジ … 106
- カレーコロッケ — カレーコロッケ×キャベツ … 88

か・さ行

- カレーポテトサラダ — カレーポテトサラダ … 80
- 牛肉こんにゃく煮 — TV番組で紹介 … 72
- クリームコロッケ — クリーミーどどん！ … 90
- ゴーヤチャンプルー — 沖縄ご当地ゴーヤチャンプルー … 71
- 小松菜ナムル — ナムルたっぷり … 22
- コンドゥレパプ — 丸ごと燻製卵入り … 30
- さつまいもの天ぷら — 芋天 … 89
- サムギョプサル — ナイスサムギョプサル … 29
- 山菜おこわ — おこわ祭り … 107
- 塩麹八宝菜 — 塩麹八宝菜 … 82
- 四川麻婆豆腐 — 激辛麻婆豆腐 … 36
- スクランブルエッグ — お弁当の中身だけで… … 79
- スノーチキン — 卵とナムル … 83
- スノーチキン — スノーチキン×キムチ … 21
- 赤飯 — おこわ祭り … 107
- ぜんまいナムル — ビビンバ … 30

た・な行

- 筍おこわ — おこわ祭り … 107
- 伊達巻き — おせちの定番 … 72
- 卵サラダ — クレープ片手サラダ … 104
- チキンカツ — ヤンニョムチキンカツ … 117
- チャプチェ — たっぷりチャプチェ … 27
- デミグラスハンバーグ — 豪華ファミレス風 … 28
- 菜の花のおひたし — おからの炒め煮 … 38
- 四角キンパ … 86
- 花びら茸卵炒め … 97
- 春いっぱい … 102
- 美 … 102
- ナポリタン — ついにパスタもはさみました … 117
- 肉じゃが — 日本の家庭の味 … 78
- 煮豚 — 煮豚と卵 … 48
- にんじんナムル — ナムルたっぷり … 22
- 卵とナムル … 24
- TV番組で紹介 … 25
- ヤンニョム甘酒味噌マヨチキン — ささ玉ねぎソース漬け … 72
- 丸ごと燻製卵入り … 83
- 恵方四角キンパ … 88
- にんじんラペ — オムレツ×ブロッコリー×ハム×にんじん … 105
- 80

は・ま・や行

- コンビニでサバ竜田あんかけ … 110
- パエリア — 全部パエリア … 106
- ひじき煮 — ひじき×油揚げ×レタス … 110
- ひと口ヒレカツ — クリームチーズ最強説 … 91
- プルコギ — 間違いなく美味しい … 17
- 棒餃子 — 棒餃子×にんじん … 31
- ほうれん草卵炒め — パワー！ … 46
- ほうれん草ナムル — 美味しさの押し売り … 66
- ミートソース — TV番組で紹介 … 72
- ミートソース×茹で卵 … 76
- ミニオムレツ … 70
- ミョルチボックム — ミョルチボックム … 15
- もやしナムル — ビビンバ … 41
- 丸ごと燻製卵入り … 83
- 卵とナムル … 30
- ミョルチボックム … 88
- 焼豚（チャーシュー） — しっとりチャーシュー … 43
- 野菜のかき揚げ — かき揚げ … 90
- ヤンニョムチキン — 韓国飯 … 91
- 31

【市販品】

- ● 茹で卵ミートローフ
  - 惣菜万歳 … 87
- ● レバーにんにくの芽炒め
  - パワー … 66
- ● れんこん醤油煮
  - スパイシーポキ … 65
- ● わらびナムル
  - 卵とナムル … 83
- ● 今日の料理に 炒めキムチ（AMASHO）
  - スノーチキン×キムチ … 71
- ● 青葉魯肉飯料（青葉食品）
  - 台湾の定番ルーローハン … 46
- ● 炒めキムチ
  - ぐるぐる肉巻き … 21
- ● 梅にんにく
  - bibigo王マンドゥ … 18
- ● 海鮮チゲクッパの素（S&B）
  - 海鮮チゲクッパチャーハン … 98
- ● 韓国万能だれ（久世福商店）
  - 豆腐スパムジョン … 21
- ● 減塩ゆかり®（三島食品）
  - おせちの定番 … 15
- ● 香味万能ねぎ塩だれ（久世福商店）
  - ちくわチーズ … 104
- ● さば竜田の甘酢あんかけ（ファミリーマート）
  - コンビニでサバ竜田あんかけ … 96
- ● アウトドアスパイス ほりにし … 110

- ● サブキャラフル／ハート型（株式会社バンダイ）
  - バレンタイン四角キンパ … 105
- ● シウマイ（崎陽軒）
  - 崎陽軒のシウマイ … 37
  - チュモクパブ風
- ● ふ〜塩旨ミックス（KIYORAキクチ）
  - くるくるハムチーズ … 99
- ● しそ巻き
  - 懐かしの味しそ巻き
- ● さけ（丸美屋）
  - しっとりやわらかソフトふりかけ
  - ボーダー四角キンパ … 93
- ● 市販のお弁当
  - 夫には多分ばれない … 92
- ● シャキッと！コーンバタコ（はごろもフーズ）
  - ラーメントッピング … 100
- ● 高菜ピラフ（TOPVALU）
  - ピラフ×チーズ×たくあん … 107
- ● タッカルビの素（丸美屋）
  - タッカルビ … 17
- ● チーズ入りバーガー（丸大食品）
  - チーズ入りバーガ … 69
- ● 장조림（チャンジョリム）
  - 장조림 … 101
- ● ちょいたし青じそですよ。（株）清水家
  - 青じそペーストソーセージ … 113
- ● ツナトッピング にんにく醤油味（いなば）
  - ツナトッピング … 115
- ● 海苔バター（久世福商店）
  - 海苔バター … 93
- ● ひとくちさんまのゆず胡椒煮（サンクゼール）
  - さんまのゆず胡椒煮 … 65

- ● レッドチリペッパーチキン（業務スーパー）
  - レッドチリペッパーチキン … 42
- ● 魯肉飯料（KALDI）
  - ルーローハンチャーハン … 107
  - 定番弁当
- ● 三島のゆかり（三島食品）
  - 副菜が主役 … 95
- ● 三島のかつお（三島食品）
  - 副菜が主役 … 108
- ● 三島のゆかり（三島食品）
  - 副菜が主役 … 100
- ● ビビンバ風山菜（高橋産業株式会社）
  - チュモクパブ風 … 20
- ● bibigo 王マンドゥ … 18

【その他】

- ● 油揚げ
  - ひじき×油揚げ×レタス … 110
- ● かんぴょう
  - 恵方四角キンパ … 113
- ● オートミール（ロールドオーツ）
  - コンビニでサバ竜田あんかけ … 115
  - 冷蔵庫にあるもの … 110
  - ツナトッピング … 105
- ● 牛乳
  - オムレツ×明太子 … 96
  - クレープ片手サラダ … 117
  - 折りたたんで作るミルクレープ … 118
  - クリスマスクレープ … 118
  - 王道チョコバナナ … 118
  - 片手で食べるショートケーキ … 119
  - 黄金クレープ … 119

- ● 切り落としロールケーキor
  - 切り落としカステラ
  - 片手で食べるショートケーキ … 119
- ● 栗の甘露煮
  - 片手で食べるショートケーキ … 119
  - 黄金クレープ … 111
- ● 黒豆納豆
  - 粘りがち … 59
- ● サフランライス
  - シーフードご当地ゴーヤチャンプルー
  - 沖縄ご当地ゴーヤチャンプルー … 71
- ● 天かす
  - 夏の味 … 114
- ● チョコレート
  - 王道チョコバナナ … 118
  - クリスマスクレープ … 118
  - 折りたたんで作るミルクレープ … 118
- ● ホイップクリーム
  - 納豆キムチーズ … 101
- ● 納豆
  - 粘りがち … 114
- ● メンマ
  - ラーメントッピング … 100
- ● マロンペースト
  - 黄金クレープ … 119
  - 片手で食べるショートケーキ … 119
- ● 木綿豆腐
  - 豆腐スパムジョン … 15

おわりに

　子どもがいない私は40歳を過ぎてから「何かをこの世に残したい」「私の想いや願いを形として残せたらいいな」と漠然と思っていました。
　「四角キンパの本を作りたい」とご連絡をいただいたとき"ついに夢が叶うかもしれない"と心臓がギュッとしたことを今でも鮮明に覚えています。
　コロナ禍で大好きな韓国に行けなくなり、悶々としていたときに作り始めた「四角キンパ」は、私を夢中にさせ、希望を与えてくれました。
　「こんなのをはさんだらどうかな？」「意外とこの組み合わせは美味しいかもしれない」など、考えるだけでも楽しく、気がついたら半日以上キッチンに立っていたこともよくありました。たった一つ材料を変えるだけで新しいレシピが生まれる四角キンパに、無限の可能性を感じています。
　今後は世界中を旅しながら、旅先で出会った美味しいものを四角キンパに詰めて、思い出とともにレシピとして形に残せたらと思っています。
　料理初心者さんも、料理大好きさんも、誰でも作れる四角キンパ。四角キンパを通じて、作る楽しさと「美味しい」から生まれる幸せの循環が広がり、笑顔になるきっかけを届けられたら、とても嬉しいです。

　最後に
　小学生の頃から料理を教えてくれた母。どんな名店よりも母のごはんが世界一美味しいのは変わりません。料理好きに育ててくれた母に最大級の"ありがとう"を。今回私に声をかけてくださり、いつでも丁寧に伴走してくださった編集者の黒沢さん、そして、いつも温かく見守ってくれる家族に心から感謝を伝えたいです。
　Instagramで四角キンパを見つけてくださり、今日まで支えてくださった皆さま。この本を手に取ってくださった皆さま、これからつながる方々へ、心からの感謝を込めて"ありがとうございます"。そして、いつも応援してくれる韓国の大切な人たちに"감사합니다"。

済州島のカフェにて
2024年秋　四角真理子

四角 真理子（YOSUMI MARIKO）

「美味しいは心も体も温かくなる♡」をモットーに、手軽でおいしく、栄養が摂れる片手ごはん「四角キンパ」をInstagramで投稿。韓国の動画をきっかけに四角キンパの活動をスタートさせ、今まで600以上のレシピを考案。四角キンパを通じて日本と韓国がより近い存在になることを目指して活動している。
無類の韓国好きで、渡韓歴は35年にわたり100回以上韓国へ渡航、韓国が生活の一部となっている。2016年から2023年まで韓国仁川広域市韓国広報大使、2016年から江華郡広報大使も務める。自身のHPではミドル世代へ向けて韓国の魅力を発信中。

■**Instagram**
　四角キンパアカウント @shikaku_gimbap
　韓国オトナ旅アカウント @mariko_life50s
■**Threads**
　@shikaku_gimbap
■**WebSite**
　https://yomogimari.com/

STAFF

DTP製作　　株式会社明昌堂
撮影（一部）　中本 浩平
編集　　　　黒沢 美月

折りたたむだけですぐおいしい！
らくちん四角キンパ

2025年4月6日初版第1刷発行

著者　　　四角 真理子

発行者　　竹内 尚志
発行所　　株式会社自由国民社
　　　　　〒171-0033 東京都豊島区高田3丁目10番11号
　　　　　電話 03-6233-0781（代表）
　　　　　https://www.jiyu.co.jp/
印刷所　　株式会社シナノ
製本所　　新風製本株式会社

©2025 Printed in Japan ISBN 978-4-426-13077-0

乱丁・落丁本はお取替えいたします。本書の全部または一部の無断複製（コピー、スキャン、デジタル化等）・転訳載・引用を、著作権法上での例外を除き、禁じます。ウェブページ、ブログ等の電子メディアにおける無断転載等も同様です。これらの許諾については事前に小社までお問合せください。また、本書を代行業者等の第三者に依頼してスキャンやデジタル化することは、たとえ個人や家庭内での利用であっても一切認められませんのでご注意ください。